십자가 아래서

새 생명을 품은 선교 편지

십자가 아래서

펴 낸 날   2024년 05월 09일

지 은 이   백삼진
펴 낸 이   이기성
기획편집   서해주, 윤가영, 이지희
표지디자인   서해주
책임마케팅   강보현, 김성욱
펴 낸 곳   도서출판 생각나눔
출판등록   제 2018-000288호
주   소   경기도 고양시 덕양구 청초로 66, 덕은리버워크 B동 1708호, 1709호
전   화   02-325-5100
팩   스   02-325-5101
홈페이지   www.생각나눔.kr
이 메 일   bookmain@think-book.com

• 책값은 표지 뒷면에 표기되어 있습니다.
  ISBN 979-11-7048-681-7 (03220)

십자가

새 생명을 품은 선교 편지

아래서

백삼진 지음

생각나눔

그 험한 십자가

　　살다 보니 어느덧 망구가 되었습니다. 이른바 망구순 (望九旬)입니다. 이에 이르러 이제 인생을 서서히 정리해야 할 때가 되었다는 생각을 하게 됩니다. 자랑할 것은 아무것도 없습니다. 늦둥이로 신학 공부를 한 후 오로지 생의 후반기를 선교사로 살아온 인생이기에, 자랑할 것이 있다면 오로지 예수님의 제자 되어서 오늘까지 은혜롭게 살아왔다는 그 한 가지뿐입니다.

　　그 험한 십자가 지고! 쓰러졌다 일어서고 일어섰다가 쓰러지기도 몇 번이었습니다. 그러는 동안 몸은 후패하여 유방암으로 유방을 절단하였고, 척추 협착증 수술로 허리를 고쳐 세우는 일과 뇌출혈로 사경을 헤매기도 하였습니다.

　　그렇게 지낸 선교 사역 33년입니다. 1992년에 선교사로 파송되어 나갈 때 하나님께 이렇게 서원했었습니다. '100개 교회를 개척하고, 100개 교회의 성전을 건축하겠습니다.' 그리고 금년까지 86개 교회를 개척하였고, 93개 교회의 성전을 건축하여 봉헌하였습니다. 이제 조금만 더 가면 서원을 이룰 것 같은 불타는 마음입니다.

　이번에 출간하는 『십자가 아래서』는 저의 다섯 번째의 저서로 위와 같은 내용의 선교 백서라고 하겠습니다. 구체적으로는 후원 교회와 후원 동역자에게 보내드린 선교 편지의 내용입니다. 호소, 절규, 도전, 정탐, 개척, 인도, 은혜 등등, 그간의 선교 편지를 묶어놓고 보니 하나님이 저를 얼마나 사랑하고 축복했는지를 다시 한번 더 깨닫게 됩니다. 더욱 은혜로운 것은 이 모든 일을 평생의 동역자인 최정인 목사와 같이할 수 있었다는 사실입니다.

　할렐루야! 특히 대신세계선교회와 대신교회, 오병이어선교회와 엘이레선교회에 감사드리며, 하나님께 감사와 찬송과 영광을 돌립니다.

2024년 4월 20일

백삼진 선교사

목차

제1장 동 행

제2장 약 속

제3장 공동체

제4장 일 터

제5장 생 명

제6장 푸른 초장

제1장

동 행

내가 목마른 자에게 물을 부어주며
마른 땅에 큰물들을 내고
내 영을 네 씨에게 내 복을
네 후손에게 부어 주리라. 시 44:3

선교 동역자를 구합니다

† 동기동창 목사님들에게 드립니다

우리 주님의 평화와 은혜가 섬기시는 귀 교회와 가정 위에 항상 같이하시기를 기도드립니다. 언제나 기도와 사랑으로 격려해 주시고 또 물질로 후원해 주심에 심심한 감사의 말씀을 드립니다.

저희 부부가 선교에 뜻을 두고 기도해 오다가 이곳에 선교사로 파송되어 온 지도 어언 2년이 지났습니다. 기도의 응답이 이루어져서 그동안 우리가 실행한 사역을 다음과 같습니다.

첫째로, 필리핀 마닐라에 선교센터를 목표로 한 '선교의 집'을 개원한 후 학원 선교에 진력하였습니다. 노력한 만큼 성과를 거두지는 못하였지만, 그것은 마닐라 한인사회와 유학생들의 실태를 살펴본 결과, 선교 외적인 문제들을 발견하고 예방적 차원의 봉사활동도 하였기 때문입니다.

둘째로는 유니온교회(Union Church)를 담임하고 계신 윤형복 목사님과 협력하여 저를 상담실장으로 하여 마닐라 지역에 목요일마다 상담을 실시하는 '마닐라 생명의 전화'를 개설하기에 이르렀습니다.

셋째로는 현지 유학생들, 특히 치대, 약대, 의대생들을 위주로 한 의료선교단을 조직한 후, 현지 필리핀 목사님들이 사역하고 있는 벽지에 가서 수차 의료 봉사활동을 실시한 바 있습니다.

그러나 이 모든 일을 하기에는 저희의 힘만으로는 역부족이었다는 사실입니다. 여기저기 할 일은 많은데 항상 재정이 부족하였습니다. 이미 현지 선교사들과 협력하여 수차 활동한 바 있는 앙헬레스 시티(Angeles City)의 토착 교회를 방문하여 프란시스(Ptr. Francis) 목사님과 협력하는 일, 안티폴로(Antipolo)와 블라깐(Blakan) 또는 민도로섬(Mindoro Isl.)의 여러 성도가 예배 처소 없이 방황하면서 교회 부지 확보와 설립을 위해 애쓰며 기도하고 있는 것은 보게 될 때에, 이곳은 정말 할 일이 많은 곳이라는 생각과 함께 선교 동역자 보내주심을 위하여 기도하게 됩니다.

앞으로 저희 '선교의 집'에서는 상기와 같은 일반적인 선교 외에, 이곳 선교사의 자녀들을 돕는 일, 자국에서 오시는 중단기 선교사들에게 숙식을 제공하는 일, 선교자료 창구 역할을 하는 일, 선교 세미나를 개최하는 일 등등, 시행해야 할 여러 가지 계획을 수립하고 있습니다.

그러나 이를 실천하기 위해서는 이 또한 자비량만으로는 여의치 못하다는 것이 솔직한 저희의 고백입니다. 원하옵기는 귀 교회의 1993년도 선교 예산에 저희 '선교의 집'을 포함시켜서 활동할 수 있도록 적극적으로 후원하여 주시기 부탁드립니다. 대단히 감사합니다.

1992년 11월 10일
필리핀 마닐라에서, 백삼진 선교사 드림

아빠, 기도해 주세요

† 보내는 선교사 최정인 강도사에게

밤입니다. 에어컨 소리에 신경마저도 부산한 이 밤을 지내면서, 하양 고즈넉했던 서울의 밤을 그려봅니다. 이따금 서로 안부를 물을 때 전화선을 타고 들려오는 아빠의 음성이 얼마나 정겨웠던지, 여기서는 그저 만남과 이별에 대한 그리움을 달래고 있을 뿐임을 말씀드립니다.

공항에서 아빠와 헤어진 지도 벌써 일주일째네요. 손 흔들어주던 아빠와 아쉬움의 작별을 하고 비행기를 탄 시간은 이른 시간인 7시 정각이었습니다. 드디어 비행기 이륙! 양 옆자리에 앉은 필리핀 두 남성과 수다스러운 담소 4시간여! 마닐라 공항에 도착한 것은 아침 햇살이 찬란하게 쏟아지고 있는 10시 30분이었습니다. 공항에는 유학 중인 수정이와 호성, 그리고 심 군이 마중 나와있었습니다. 그들과 함께 집에 도착한 것은 13시였고!

그날과 그 이튿날은 피곤에 지쳐서 온종일 쉬었고, 둘째 날에야 겨우 정신을 차리고 일어나서 일을 시작하였습니다. 일이라는 것은 다른 것이 아니라 사람을 만나는 것이었습니다. 곧바로 유니온교회에 가서 음악 전도사로 시무하고 있는 장 전도사님을 만났습니다. 서재호 전도사도 만났습니다. 그는 월드 미션으로 가기로 약속을 받아놓고 있는 전도사였는데, 장 전도사의 선임이었습니다. 그렇게 셋이 앉아서 선교에 대한 여러 이야기를 나눴습니다. 이야기의 결론은 우리가 선교를 하는 데 있어서 제일 주요한 것은 협력 선교라고 하였습니다. 그래서 앞으로는 유니온교회와 월드 미션과 함께 가급적 협력하면서 선교를 하기로 뜻을 모았던 것입니다.

그 자리에서 서재호 전도사가 예수선교회의 회장인 김영 목사님을 소개해 주었습니다. 필리핀 사역자 세미나를 진행할 예정인데, 한번 만나서 세미나에 대한 자세한 말씀을 들어보라고 해서 그리하겠다고 하였습니다. 오는 14일에 만날 예정입니다.

3일째 날은 헬퍼 2명을 데리고 끼야뽀 시장과 파코 시장에 다녀왔습니다. 생필품을 잔뜩 사 가지고 왔습니다. 4일째 날은 빠뜨랑꼬에서 사역하고 있는 김규진 선교사를 만났습니다. 주일 날은 유니온교회에 가서 예배를 드렸고, 서재호 전도사가 유학생 주소와 선교사 주소록을 준다고 해서 7일에 만나기로 약속하였습니다. 그날 나를 따라나섰던 성근이라는 학생은 우리 집에서 기숙하고 있던 학생이었는데, 필리핀 현지인 집으로 가고 싶다고 해서 장 전도사가 연결해 주어서 보냈습니다. 어제저녁에 잠깐 다니러 왔는데, 필리핀 현지인 집에서 사는 것이 고생인 것 같았습니다. 주현국 목사님은 전화 연결이 되지 않았습니다.

토요일부터 우리 집에 있는 헬퍼들에게 영어와 타갈로그어를 배우고 있습니다. 로헤나와 빌렌이 그들인데, 로헤나는 대학 2년을 중퇴한 아이고, 빌렌은 하이스쿨을 나왔다고 해서 타갈로그어를, 로헤나에게서는 영어를 배웁니다. 오늘 아침에도 11시부터 오후 1시까지 열심히 공부했는데, 영~ 혀가 돌아가지를 않습니다. 이것도 하나님의 도우심을 요청해야 될 것 같습니다.

요사이는 아침마다 기도는 하고 있는데…. 아빠, 기도해 주십시오. 기도도 필요하지만, 물질도 필요합니다. 우리의 사역이 하나님 앞에 부끄럽지 않은 사역이 되기 위해서는 많은 후원의 동역자가 필요합니다. 그들 후원자와 함께 주님의 일을 성취할 수 있는 디딤돌이 되고 기둥이 되어 하나님 앞에 더불어 영광을 돌릴 수 있게 됐으면 합니다. 수정, 호성은 M.U.로 전학해서 부지런히 공부하고 있습니다.

이곳의 모든 여건은 그런대로 진행이 잘되고 있습니다. 그동안은 공사다망해서 가정예배를 드리지 못하고 있었는데, 이번 주부터는 힘써 예배를 드리기로 했습니다. 그리고 선교사 주소가 입수되는 대로 소망의 편지를 띄우려고 합니다. 학생들을 초청하는 날짜는 7월 18일로 예정하고 있으나 이 또한 이성찬 목사님과 만난 후에 결정하겠습니다.

오늘 한날의 삶을 헛되이 보내지 않으려고 노력하고 있습니다. 우리 대장, 예수님의 명령을 잘 수행하려면 우선 타갈로그어와 영어를 열심히 배워야 한다는 사실을 거듭거듭 깨닫습니다. 그리하여 지금의 주어진 시간을 최대한 활용해 가며 주님의 사역 수행과 또 다른 내일의 나를 만들어가기 위하여 열심히 기도하고, 말씀 공부하며 최선을 다하려고 합니다. 그러니 아빠, 기도해 주세요! 기도해 주세요!

1993년 3월 일
당신의 사랑하는 아내 백삼진 선교사 드립니다

유치원 아이들이 꾸려가는 유치원 사역

† 안디옥교회 최경화 전도사에게

    우리를 위해서 적극적으로 선교비를 보내고 있으나 지금까지 한 번도 대면해 보지 못하고 있는 최경화 전도사님! 주 안에서 항상 평안하신지요? 보잘것없이 작기만 한 이 백삼진 선교사, 주님의 발자취를 따라 사역에 임한 지도 2년이 훌쩍 지나고 있네요. 안디옥교회는 우리가 알 수도 없었고, 더군다나 최 전도사님과는 인연도 없었는데, 주님의 뜻 가운데서 이렇게 연결이 닿아서 감사와 함께 안부 편지를 쓰고 있네요.

    선교비는 매달 꼭꼭 잘 받고 있습니다. 이 선교비는 전도사님이 지도하고 있는 유년 주일학교 학생들이 매주 교회에서 주는 간식비를 아끼고 모아서 보내는 것이라고 하니 너무나 감동입니다. 어린이들이, 그것도 한 달에 네 번씩이나 간식을 먹지 않고 아꼈다가 매월 보낸다는 것은 결코 쉬운 일이 아닙니다. 저희도 어린이들의 아름다운 마음을 본받을게요. 본받아서 선교비를 아꼈다가 꼭 필요한 곳으로만 지출할게요. 최 전도사님, 아이들을 그렇게 지도해 주시고, 마음 모아 물질로 협력해 주시고 기도해 주심에 감사드려요.

여기 제가 처음으로 시작한 빌라베아트리체(Villa Beatriche) 유치원 사역은 작년 3월부터 시작하여 올 3월 21일 졸업식까지 아름답게 마무리 지었습니다. 그 부모들과 구경 나온 동네 사람들의 축복 속에서 잔치처럼 잘 이루어졌답니다.

이제 두 번째로 유치원 학생들을 모집하고 있습니다. 새로운 아이들을 맞고 또 보내면서, 어린이들을 향한 주님의 깊으신 뜻을 되새겨봅니다. "내가 진실로 너희에게 이르노니 누구든지 하나님의 나라를 어린아이와 같이 받들지 아니하면 결단코 들어가지 못하리라 하시고 (막 10:15)" 아멘! 아멘입니다.

요즘의 여기는 방학 기간입니다. 필리핀의 계절 중 지금이 가장 더운 때입니다. 작년에는 유치원 개원을 3월부터 시작하였지만, 원래는 6월부터입니다. 그래서 여유를 가지고 학생들을 모집하고 있습니다. 더위를 등에 업고서 거의 매일 동네를 다니고 있습니다. 교인들의 가정은 물론, 예수를 믿지 않는 가정을 방문하여 교회 유치원학교로 아이들을 보내주기를 권유하고 있습니다. 제가 이렇게 어린이 사역에 열심인 것은 어느 나라든지 어린이들은 그 나라의 꽃이고 기둥이기 때문입니다. 꽃들과 기둥이기 때문에 아이들을 어려서부터 그리스도의 군사로 훈련시켜야 한다는 생각입니다. 할렐루야!

　그러기 위하여 효과적인 전도 방법을 열심히 연구하고 있습니다. 아이들이 유치원에 다니게 되면 어른들도 자연히 자녀들을 따라오게 됩니다. 여기서는 등·하교 때에 부모가 아이들을 꼭 픽업해야 하기 때문입니다. 그래서 우리는 공부를 시작하기 전에 언제나 예배부터 드립니다.

　그래서 유치원 사역은 자연히 예배당에서 예배를 드리게 되는 구조가 됩니다. 유치원 사역이 매년 열매 맺게 되기를 위하여 기도해 주세요. 앞으로 보내는 선교사로서의 최 전도사님과 보내지는 저, 백 선교사와 더불어 어린이 선교를 통하여 인근 지역을 복음화할 수 있게 되기를 위하여 기도합니다. 안디옥교회 곽홍식 목사님과 성도들, 그리고 유년 주일학교 어린이 여러분에게 감사와 기쁨을 돌립니다.

1993년 5월 일

백삼진 선교사

세계 선교를 위한 당찬 출발

† 향린교회 송용석 목사님 전에

남국의 열풍이 타는 듯한 날씨이면서도 저녁때 어스름이 들면 조금은 시원해지는 밤입니다. 송 목사님! 감사합니다. 바쁜 목회 생활 중에도 저희를 위해 기도해 주시고 후원해 주시니 너무나 감사합니다. 저는 지금 향린교회에서 선교 보고를 하고 이곳 선교지로 달려온 지 두 주일째를 맞으면서 바쁜 나날을 보내고 있습니다.

올 때마다 단단한 결심입니다. 그러나 저녁이 되고 밤이 되면 어쩔 수 없이 약해지는 연약한 여자 선교사입니다. 그것은 송 목사님도 아시다시피 남편과 아이들을 한국에 떨려놓고 혼자서 이곳 선교지로 나왔기 때문입니다. 인간적으로 말하면 가슴이 아프지 않다고 하면 거짓말이겠지요. 그러나 감사가 넘치는 하루하루입니다. 우리 집안으로 말하자면 남편 강도사는 보내는 선교사요, 저는 보내지는 선교사이기 때문입니다. 남편이 기도하면서 매달 당신의 월급에서 선교비를 부족하지 않게 꼭꼭 보내주고 있으니 저는 행복한 선교사이기도 합니다. 그래서 깊은 밤이면 더 기도하게 되고, 기도함으로 갖가지 선교 계획을 놓고 더 연구를 하게 되는 것입니다.

첫째로는 학원선교에 대한 계획입니다. 학원선교를 위하여 한 사람 한 사람 한국 학생들과 필리핀 학생들을 모으고 있습니다. 여기 같이 나와 같이 나와있는 아이는 큰딸 수정이인데, 치과대학을 다니고 있으므로 딸을 통해서도 학생들을 모으고 있습니다. 그리하여 오는 7월 18일에는 현지에 나와있는 목사님들과 교역자들을 모시고 학생들과 같이 정식으로 '선교의 집' 개원을 축하하는 예배를 드리기로 하였습니다. 나름대로는 큰 성과물입니다. 앞으로 어느 만큼의 성과가 있을는지는 몰라도 주님의 뜻 가운데서 학원선교가 하나하나 열매를 맺어가게 되기를 기도합니다.

서두르지는 않으렵니다. 서두르지 않는 이유 중의 하나는 아직도 언어의 불편이 많이 따른다는 것입니다. 그리하여 요즘도 언어 공부에 열중하고 있음을 말씀드립니다. 세계를 향한 선교의 비전을 가지고 열심히 공부하며 이웃 사랑을 실천해 갈 때 주님께서 제 입을 크게 열어주시리라고 확신합니다.

송 목사님께 다시 한번 더 감사드립니다. 모든 것이 부족한 저에게 힘주시는 목사님 감사합니다. 그리고 향린교회 성도들에게 감사드린다고 전해주십시오. 감동이었던 것은 지난번에 향린교회를 방문하였을 때 향린교회 성도님들이 보여준 선교에 대한 열정이었습니다. 그리고 선교사를 향한 사랑의 깊이도 읽을 수 있었습니다. 사랑의 목회가 어떤 것인지도 성도들을 통하여 체험할 수가 있었으며, 송 목사님의 헌신적인 목회 사역이 성령의 감동의 감동으로 성도들을 시시때때로 변화시키고 있다는 것도 느꼈습니다.

향린교회가 앞으로 세계의 향린교회로 발돋움을 할 수 있도록 필리핀의 백 선교사도 기도하면서 더불어 노력하렵니다. 선교는 누구의 사역도 아닌 주님의 사역임을 믿으며 향린교회 모든 성도와 함께 한마음 한뜻으로 묶이어져 세계선교의 깃발을 같이 들게 되리라고 확신합니다.

오늘 한날의 삶이 우리를 위한 삶이 아니라 예수님의 발자취를 따라가는 고난의 길임을 고백하면서, 그 길에서 어떤 예기치 않은 난관이 닥칠지라도 능히 피할 길을 주심을 믿으며, 성령께서 우리의 인도자가 되심을 믿습니다. 개척하고, 전하고, 가르치고 하는 모든 길에서 주님이 축복해 주심을 믿으며, '죽으면 죽으리이다.' 하는 고백으로 선교에 몸 바칠 것을 약속드리며, 초심이 흔들리지 않도록 계속 기도해 주시고 후원해 주시기를 간청드립니다.

1993년 9월 일
백삼진 선교사 드립니다

봄밤의 꿈

† 사랑하는 남편 최정인 강도사에게

보내주신 편지 잘 받았습니다. 너무나 너무나 감사합니다. 선교사로 파송 받고 우리가 떨어져서 사는 것이 벌써 2년 세월인데, 인간적으로 말하면 그리움만 가득한 아쉬움의 세월입니다. 받은 편지 받고 웃었고, 아이들을 떼어놓고 온 못된 엄마가 아닌가 하고 눈물을 흘리면서 기도하면서 다시 읽어봅니다.

사랑하는 아내 백삼진 선교사에게

최정인

만물이 약동하는 새봄입니다. 먼 산에 잔설은 아직도 희끗희끗 남아있고 옷깃에 스미는 바람은 제법 차갑지만, 머지않아 화신에 묻혀 지천으로 피어날 꽃들의 향기가 벌써부터 가슴을 진탕하는 듯합니다. 이러한 때에 어제 같았건만 멀리 25년 전 3월에 님과 함께 가약을 맺고 인생의 꽃길을 출발하였다는 것은 얼마나 감격스러운 일이었던지요. 그때로부터 지금까지, 우리가 가다 보면 가시밭길도 만나기도 하였지만 서로 사랑으로 감싸고 의지하고 가다 보면 언제나 가시밭길은 끝나고 꽃이 만발한 꽃길이 또다시 나타나곤 하였더랬지요.

여태까지 용케도 참아온 당신에게 감사를 드려요.

우리들의 날이 앞으로 얼마나 더 남았는지 알 수는 없지만, 순간순간을 영원으로 알고 살아간다면 우리는 순간을 살아도 영원을 사는 것과 다름없기에 그 처지야 어떻든 매일 매일을 감사와 보람으로 살고 있다고 생각합니다.

그러니 우리 앞으로도 믿음과 사명 안에서 가시밭길도 꽃길처럼 알고 웃으면서 걸어요.

생각하면 예수를 믿지 않던 당신이 결혼 후에 예수를 믿었고, 그뿐만 아니라 지금은 선교사가 되어서 바다를 건너고 산과 골짜기 밀림 속을 헤매면서 복음을 전하고 있으니 당신을 생각할 때는 언제나 감사만이 있을 뿐임을 말씀드립니다.

오늘 창가에 기대어 무심결에 관악산을 바라보다가 문득 당신 생각에 타자기 앞에 앉아 타자기의 키를 두드립니다.

멀리 남쪽 나라에 계신 님의 얼굴 밤새 그리워하다가 늦잠 든 꿈길에서 또 님을 찾아서 보고….

그 일단의 마음을 「봄밤의 꿈」이라는 시에 담아보았으니 받아보시고 위로와 힘이 되었으면 합니다.

봄밤의 꿈

바람소리 밤새 창문을 흔든다.

꽃샘추위에 당신이 오실
때가 가까워 움츠리고
기다리는 마음 여위어 간다.

그믐밤 달빛도 이미
스러진 지 오랜데,
환하게 웃는 그 모습
하양 서러웁구나.

그대 있음에… 별밭에
집을 지을까? 새 되어
날아서 갈까?

봄밤의 꿈은 짧기도 하여라.

최 강도사님! 아니면 아빠라 할까? 오빠라 할까? 혹시 저를 필리핀 선교사로 보내놓고 후회하고 계신 것은 아니겠지요? 저는 잘 있습니다. 영어도 배우고 타갈로그어도 배우고…. 새로운 도전 앞에 서있는 저의 모습입니다. 이 땅에 뼈를 묻을 각오로 여기까지 왔으니 승리하고 돌아갈 수 있도록 계속 기도해 주세요.

1994년 3월 10일
마닐라에서, 당신의 사랑하는 아내 은주 삼진 드림

꽃과 같은 내 얼굴 예쁘기도 하지요

† 청주 안디옥교회 유년 주일학교 학생들에게 편지를 써요

1) 초등부 2반 오은혜에게

남국의 더운 나라 필리핀에서 은혜의 예쁜 얼굴 그려보아요. 두 손을 모으고 기도하는 모습과 먹고 싶은 것, 사고 싶은 것, 참아가며 선교 헌금하는 모습이 주님이 보시기에 얼마나 아름다운 모습일까요? 필리핀의 어려운 곳에 사는 어린이들에게 은혜가 헌금한 것으로 맛난 과자와 사탕과 주님의 사랑을 나누어 준답니다. 주일학교에 열심히 다녀서 주님 말씀 잘 배워요. 은혜가 장차 커서 선교사가 되고 싶다고요? 열심히 공부하며 부모님 말씀 잘 듣고 주님 품 안에서 커 가는 선한 일꾼이 되었으면 해요. 청주 안디옥교회 최 전도사님이 은혜를 위하여 추천해 주네요. 주님의 제자로 알고 은혜를 위해서 열심히 기도할게요.

2) 유치부 김한나에게

남국의 더운 나라 필리핀에서 한나의 고운 얼굴 상상해 봐요. 열심히

공부해서 의사가 된다고요? 자랑스러운 안디옥교회 유년 주일학교 모범 어린이가 될 것 같군요. 열심히 기도하고 성경 말씀 잘 배워서 훌륭한 의사가 되기 바라요. 선교사님도 계속 기도할게요. 뜻을 꼭 이루도록 노력하세요. 추운 겨울에 감기 조심하고 다음 만날 시간까지 안녕!

3) 유치부 배경진에게

경진이 그동안 안녕! 보내준 편지는 잘 받았어요. 얼마나 고마운지. 고사리손으로 헌금하는 그 모습 그려보며 하나님께 기도했어요. 경진이가 꼭 훌륭한 사람이 되어 선교사님들을 오래오래 돕게 해달라고요. 더운 나라 필리핀에서 선교사님이 경진이를 위해 기도드려요. 안녕!

4) 초등부 1반 박미정에게

더운 나라 필리핀에서 미정이의 모습을 그려봐요. 어떤 모습일까요? 필리핀의 어린이들은 아주 조그마하답니다. 까맣고요. 물도 많지 않아서 세수도 잘 못 한답니다. 우리나라는 정말 좋지요. 미정이가 기도하는 모습은 아마 예수님을 닮아가는 모습일 거예요. 열심히 기도하며 남을 위해서 자기를 희생할 때 주님께서는 보다 더 값진 것으로 갚아주시리라고 믿고 우리 서로 기도해요. 선교사님은 여기서 덥고 땀을 많이 흘리지만 참고 열심히 전도하고 있어요. 주님 말씀 전하는 것은 참 즐거운 일이지요. 미정이도 더 많이 전도하고 기도하며 훌륭한 어린이로 된다면 주님도 기쁘고, 부모님도 기쁘게 해드리는 일일 거예요. 그러면 또 미정이 편지 보내주세요.

5) 초등부 안명진에게

　명진이 안녕! 이곳은 한창 더워지는 계절이에요. 사계절이 다 여름 같은 데도 아침저녁으로 추위를 느낄 때가 있어요. 이곳은 덥지만 계절적으로는 겨울이니까요. 추운 겨울방학에 명진이는 요즘은 무엇을 하고 지낼까요? 선교사님을 위하여 기도하며 선교헌금도 열심히 한다고요? 주님이 보시면 명진이가 너무 귀엽기 때문에 명진이의 앞날을 지켜주실 거에요. 선교사님도 명진이를 위하여 열심히 기도할게요. 우리들의 마음을 모두 주님께 드릴 때 하나님은 더욱 기뻐하실 거에요.

6) 초등부 3반 최미화에게

　미화 안녕! 꼭꼭 접어서 보낸 편지 너무 기쁘게 받았어요. 선교사님의 답장이 너무 늦었지요? 기다렸으면 용서하세요. 그동안 많이 바빴거든요. 타갈로그어 공부하랴, 영어 공부하랴, 선교지 찾아서 먼 길 다니느라, 유치원 어린이를 돌보는 일과 주일날 성경학교 돌보고, 주님 말씀 전하는 일에 열심히 하다 보니 늦게야 답장을 쓰네요. 덥지만 참고 열심히 하나님 일을 한답니다. 미화가 기도하면서 선교헌금 한 모든 것 하나님께 드려요. 미화의 앞날은 주님의 품 안에서 더욱 아름답게 꽃 피어나기를 기도하면서….

1994년 5월 1일
필리핀 마닐라에서, 백삼진 선교사 씀

유치원 사역의 목표

† 삼일교회 민경희, 민경남 전도사님께

할렐루야, 주님의 이름으로 문안드립니다. 전도사님이 선교 현장을 탐방하고 돌아가신 지도 벌써 두 달이 지나고 있습니다. 그간도 주님 은혜 중 섬기시는 교회와 가정이 모두 평안하셨는지요? 저는 여기, 전도사님이 항상 기도해 주시는 대로 모두가 주님 은혜 중 평안하며 실행하고 있는 모든 사역이 한 가지씩 성취되어 감을 하나님께 감사드립니다. 그리고 연이어서 새로운 사역을 계속할 수 있게 되었음도 감사드립니다.

실행 사항으로는 지난 3월 21일, 1년간의 빌라베아뜨리체(Villa Beatriche) 유치원 사역을 무사히 마칠 수 있었다는 사실입니다. 그런 후에 2년 차 유치원 사역으로 65명의 어린이를 새롭게 맞이하였습니다. 어찌나 기쁘고 감사한지요. 4월 10일부터 서머타임이 실시되고 있어서 유치원도 자연히 서머스쿨 교육이 되고 있습니다. 그래서 선생님, 학생 할 것 없이 새벽부터 부산을 떨어야 합니다.

그런데 지난 1년 동안 유치원 사역을 마감하고 느낀 일이지만, 아이들을 그리스도의 품성을 갖도록 공부시키는 것도 중요하지만, 그 아이들이 공부를 끝내고 졸업하기 전까지 한 명, 한 명을 예수를 영접할 수 있도록 하는 일이 그렇게 어려울 수가 없었다는 사실입니다. 그러나 위로가 되었던 것은 선생님이 시키는 대로 아이들이 까만 고사리손들 모으고 기도드리는 모습을 볼 때 우선은 보람되고 대견스럽기까지 하였습니다. 그들 어린 영혼이 이다음에 커서 모두가 그리스도의 군사들이 될 수 있도록 위해서 기도해 주시기 부탁드립니다.

새로운 사역으로는 까랑랑안 유치원 사역입니다. 6월 중순부터 새롭게 시작하도록 계획을 잘 짜놓았습니다. 여기서 발생하는 난관은 아이들을 가르칠 선생님이 개신교 신앙으로 무장한 선생님이어야 할 것인데 마땅치가 않아서 고민이라는 사실입니다. 기도하며 필리핀의 여러 원주민 목사님에게 부탁하며 물색 중인데, 좋은 선생님이 올 수 있도록 기도해 주세요.

그다음으로는 봉아봉(Bongabong Mission Church) 선교교회와 협력하여 유치원을 새롭게 개설하는 일입니다. 봉아봉은 마닐라에서 북쪽으로 4시간쯤 가는 소도시의 이름입니다. 지금은 예배 처소가 없어서 가정집에서 예배를 드리고 있는 원주민 교회인데, 하나님 말씀의 사역과 함께 여기서도 무료 유치원을 개원하여 사역할 수 있도록 그 교회의 담임인 베드로 목사님과 합의를 보았습니다. 이곳의 사역은 7월 초부터 시작하려고 하는데 그때는 우기라 비가 계속 오지 않을까 걱정입니다. 이를 위해서도 많이 기도해 주시기를 부탁드립니다.

민 전도사님! 필리핀은 애초에 전도사님이 선교를 시작한 나라지만, 필리핀은 정말 해야 할 일이 너무나 많은 나라입니다. 도시 외곽도 그러하지만, 도시를 벗어나서 산간이나 바닷가에 가보면 죽어가는 영혼들이 너무나 많은 것을 발견하게 됩니다. 이들에게 어떻게 생명의 복음을 전할까 고민하다가 내린 결론이 유치원 사역입니다. 그러기 때문에 유치원 사역이란 아이들을 어렸을 때부터 복음으로 무장시키는 사역이라고 하겠습니다.

그 외에 무료 급식, 무료 유치원 운영, 장애인 선교, 의료 선교 등등… 이렇게 해야 할 일이 많고 보니 자연히 사역지가 자꾸 늘어나게 되는 것입니다. 감사하지요. 십자가를 지고 가는 큰 축복의 길이라 하겠습니다. 이에 따라 선교사들이 제일 고통스러운 것이 교통편의 문제입니다. 지프니를 여러 번 갈아타고 버스를 타고 다니기는 하지만…. 민 전도사님! 선교 차량도 한 대 구비할 수 있도록 기도해 주시기 부탁드립니다.

민 전도사님! 그간도 부족한 저를 위해서 기도해 주시고 물질로도 밀어주시니 얼마나 감사한지 모르겠습니다. 앞으로도 계속 밀어주시고, 특히 부탁드릴 말씀은 이 사명 다 감당할 수 있도록 저의 건강을 위해서도 기도해 주시기를 부탁드립니다. 드릴 말씀이 너무나 많으나 오늘은 이만 적고 다음에 또 서신 올리겠습니다. 하나님의 평강과 크신 은혜가 섬기시는 교회와 가정과 또 성도들의 가정 위에 항상 같이 하시기를 기도드립니다. 감사합니다.

1994년 5월 14일
필리핀 마닐라에서, 백삼진 선교사 드림

선교의 비전을 보다

† 능곡 동산교회 조길춘 목사님에게

남국의 열풍이 타는 듯한 날씨입니다. 그러나 저녁이 되어 어스름 깔릴 때면 다소 시원해지는 밤이기도 합니다. 지난번 한국을 방문하였을 때는 조 목사님과 동산교회 성도 여러분이 베풀어 주신 사랑이 얼마나 지극하였던지 눈을 감으면 삼삼히 떠오르는 모습들입니다. 감사합니다. 저는 한국에 다녀온 후 편안히 잘 지내고 있으며, 사역에도 열심을 다하고 있습니다.

제가 앞으로 중점적으로 하고자 하는 사역은 말씀드린 바와 같이 학원 선교입니다. 한 사람, 두 사람 모은 결과 학생들이 현재 7~8명 됩니다. 2~3명 모일 때는 준비하는 모임이었지만, 다섯 명이 넘어서니 힘이 생깁니다. 그리하여 오는 7월 25일에 '선교의 집'에서 개원을 축하하는 예배 겸 학원 선교를 출발하는 예배를 드리기도 하였습니다. 그날에는 현지에 나와있는 목사님들과 선교사님들이 오셔서 힘을 실어주기로 하였습니다.

앞으로 어느 만큼의 성과가 나타날는지는 알 수 없지만, 주님의 뜻 가운데서 열매 맺는 사역이 되기를 소원합니다. 빠를수록 돌아가라는 말이 있듯이 서둘지는 않으렵니다. 서둘지 않는 이유 중 하나는 제가 아직은 언어의 장벽을 뛰어넘지 못하고 있기 때문이기도 합니다. 그리하여 요즈음에는 언어 공부도 열심히 하고 있음도 말씀드립니다. 아직은 초짜라서 그런지 현지 파송되어 나오신 선배 선교사님들과의 협력 체제의 선교가 그리워지는 요즈음이기도 합니다.

제가 선교 보고차 동산교회에 갔을 때 조 목사님이 성도들 앞에서 말씀하셨죠. 아무런 후원의 보장도 없이 기도의 능력만 믿고 선교 사역에 뛰어든 저인데, 앞으로 적극적으로 후원해 주시겠다는 말씀의 선포가 있었기에 그 말씀을 굳게 믿고 있습니다. 조 목사님! 부족한 저에게 일할 수 있는 터전을 마련해 주시고 힘을 불어넣어 주시니 너무나 감사합니다. 믿어주십시오. 미력한 저이지만 세계 선교의 비전을 가지고 최선을 다하여 열심히 뛰겠습니다.

지난번에 조 목사님 교회를 방문하면서 깨달은 사실은 조 목사님이 교회 부흥과 성도들의 영적 성숙을 위해 금식하며 기도하시며 최선을 다하시는 모습이었습니다. 그 모습을 보면서 선교사의 자세도 진정 어떠해야 하는지를 깨닫게 된 사실입니다. 그것은 조 목사님의 열정적인 목회 사역이 성도들을 성령의 감동함으로 변화시키고 계시다는 것을 느꼈기 때문입니다.

기도하겠습니다. 능곡 동산교회가 세계의 능곡 동산교회로 발돋움
할 수 있도록 백 선교사, 여기 마닐라에서 기도하겠습니다. 복음 사역
은 누구의 사역도 아닌 주님의 사역임을 믿으며, 우리 서로 기도함으
로 한마음 한뜻으로 묶이어져서 세계 선교의 깃발을 더불어 들게 되
리라 확신합니다. 오늘 하루의 삶도 우리의 삶이 아니라 예수님의 발
자취를 따라가는 길임을 고백하면서, 감사 인사드립니다.

1994년 8월 1일
마닐라에서, 백삼진 선교사 드림

유치원과 교회 개척의 열망

† 부산 영락교회 이순자 전도사에게

할렐루야! 주님의 이름으로 문안드립니다.

그간도 부족한 저를 위하여 기도로, 물질로, 아낌없이 후원해 주시는 전도사님, 그리고 성도 여러분들에게 고마운 말씀을 드립니다.

돌이켜 보니 제가 이곳에 파송된 지도 벌써 3년이 지났습니다. 선교지에 와서 그저 열정 한 가지만을 가지고 동분서주하다 보니 기대에 미치지도 못하였고, 오늘에 와서 선교에 합당한 열매도 맺지 못하고 보니 그저 부끄러울 따름입니다. 그렇지만 하나님께서는 오래 참으시고 때마다 훈련시켜 주시고, 능력을 주셔서 오늘까지 사명을 잘 감당케 해주셨으니 그저 감사할 따름입니다. 하나님께 감사드리고 그의 성호를 찬양합니다.

선교지에 파송된 후 처음 1년은 선교지를 탐방하는 등 혼자서 뛰었고, 다음 2년 차부터는 한국 선교사와 협력함으로 선교의 눈을 떴으며, 그다음 3년 차는 원주민 현지 목회자와 동역함으로 비로소 선교에 박차를 가하게 되었습니다. 이제 언어도 웬만큼 되고 있으므로 4년 차부터는 미전도 종족에 대한 복음 전파와 현지 목회자의 제자화라는 사역 목표를 확정하게 되었습니다.

그래서 1995년도 금년부터는 선교 사역 제4차 연도에 해당되므로 큰 용기를 가지고 교회 개척이라는 계획을 놓고 하나님께 기도하게 되었습니다. 무릇 선교의 최종 목표가 교회를 세우고 이를 통하여 예수의 이름은 들어보지도 못하고 죽어가는 영혼들을 구원하는 데 있다고 한다면 저 또한 사역 계획을 그렇게 세워야 한다는 생각입니다.

교회를 개척하려면 개척과 함께 자연히 예배 처소가 필요하게 됩니다. 마당에서 예배를 드리는 것은 광야교회이고, 집에 들어가서 드리는 예배는 가정교회이고, 그렇게 해서 20~30명이 모이게 되면 밖으로 나와서 예배당을 세워야 하는데, 저의 형편으로는 아직 대지를 구입하여 예배당을 세울 정도가 아니므로, 사택을 겸하여 예배당이 될 만한 허름한 집을 물색해 놓았습니다. 원주민 전도사 한 분이 오기로 내정되어 있으며, 한 달에 6,000패소 정도가 소요되지만, 현재 저에게 보내지는 후원금으로 어떻게든 감당해 보려고 기도합니다.

이곳에 교회가 세워지면 여기서도 어린이들을 위한 무료 유치원을 개설할 예정이고, 원주민 목회자 재교육을 위한 성경공부반을 운영할 계획입니다. 그렇다고 해서 여태까지 하여 온 '유치원 사역'이나, '생명의 전화 상담 사역', '제자 훈련 사역' 등을 그만두고 하는 것은 아니지요. 빌립보 4:13의 말씀과 같이 "내게 능력 주시는 자 안에서 내가 모든 것을 할 수 있느니라." 하셨으니, 힘써서 하려고 합니다. 이 일이 꼭 이루어지도록 많은 기도 부탁드립니다.

여기 동봉해서 같이 보내드리는 사진들은 지난 1995년 3월 27일에 있은, 유치원 졸업식의 광경들입니다. 그간 제가 개척해서 운영해온 유치원은 봉아봉교회 유치원과 마카바클리아교회 유치원, 이렇게 두 개였는데, 봉아봉초등학교 노천 강당을 빌려 두 개의 유치원이 같은 날 같이 졸업식을 거행하였습니다. 졸업식 후에는 필리핀 깃발과 태극기를 앞세우고 봉아본 시내를 졸업생, 학부형, 목사님들, 지방 유지들이 같이 행진도 하였습니다. 얼마나 감사하고 감사한 일이었는지요. 할렐루야!

사진에서 보아 뚱뚱하고 콧수염을 기른 이가 봉아봉교회(Bongabong Mission Church) 담임인 사울록 베드로(Ptr. Peter) 목사님이고, 눈이 크고 홀쭉한 이가 마카바클라이(Macavacray Christian Church) 교회 담임인 깐톨(Ptr. Cantol) 전도사입니다. 이들은 다 열심이 있고, 또 금년에도 유치원에 입학해야 할 아이들이 많음으로 이들 두 교회와 유치원이 자립할 때까지 기도하며 후원해야 하는 것이 저의 지속된 사명임을 깨닫습니다. 그들이 자립할 수 있게 되면 저는 그때 다른 사역지를 찾아서 떠날 계획입니다.

그렇습니다. 비록 유치원 설립이나 교회 창립이 선교사들에 의하여 조성된 것이지만, 원주민들이 운영하는 토착 유치원이 되게 하고, 교회도 마찬가지로 토착 교회가 되게 하고, 딴 지방의 선교지로 떠나야 하리라는 것이 저의 사심 없는 소원입니다.

주님께서 '가라!' 하시는 곳으로 가서 또 교회와 유치원을 설립하고 떠나려고 합니다. 그러나 그들이 자립하기 전까지는 그곳에 있어야 하는 것이 선교사들의 사명입니다. 원주민 교회를 설립하면 그때 가서 또 보고드리도록 하겠습니다. 하나님 아버지의 크신 은혜와 축복이 전도사님과 그리고 성도님들이 섬기시는 교회와 가정 위에 항상 같이 계시기를 기도드리면서 오늘은 이만 펜을 멈춥니다. 감사합니다.

1995년 4월 15일
필리핀 마닐라에서, 백삼진 선교사 드림

선교 사역의 다변화를 모색한다

† 대한신학교 안정선 전도사님께

할렐루야! 오곡이 무르익은 추수의 계절에 주님의 이름으로 문안드립니다. 지난 4년 동안 여러 동역자의 기도와 성원에 힘입어서 저희의 선교 사역이 원만하게 이뤄진 것에 감사드립니다. 그리고 이번에 4년간의 제1차 사역을 마감하고, 제2차 사역을 감당함에 있어서 선교의 중심이 될 '마린로드 성도교회'를 개척하게 되었음을 특히 감사드립니다.

1) 마린로드 성도교회 개척 사역

아직은 미약하여 교회를 임대하여 예배를 드리고 있습니다만, 여러분들이 보내주신 헌금으로 교회 건물을 보수하고 교회 비품을 사는 등, 마당에는 꽃나무도 심었으며 전기를 가설하여 앞뒤로 선풍기가 시원시원히 돌아가고 있습니다. 현재 출석 교인은 20여 명이고(어떤 때는 70여 명이 출석하기도 합니다), 유치부 70여 명인데, 모두가 열심히 공부하고 예배를 드리는 가운데 성령의 인도하심과 역사하심을 체험하게 되므로, 마린로드 지역 복음화에 차차 서광이 비치고 있습니다. 또 '마린로드 성도교회 부설 유치원'에는 모두 110명의 어린이가 등록하였고, 네 학급이 오전과 오후로 나눠서 매일 공부하고 있습니다. 유치원 선생님은 로나(Lona), 웃시야(Uzziah), 리벌띠(Liberty) 등 세 분이신데, 로나 선생의 경우는 현재 만삭의 몸이나 그래도 어찌나 열심인지 학부모들이 모두 감격해하므로 오히려 큰 활력소가 되고 있습니다.

지난 8월 21일에는 서울에서 오신 정학봉 목사의 인도로 200여 명이 모여서 마린로드 성도교회(Marine Road Church of Saints)의 설립 예배를 드렸습니다. 설립 예배 후에는 교인과 학부모들이 손수 만든 뷔페식 음식으로 파티도 열었는데, 베드로 목사, 파키토 목사, 봉전도사 등 필리핀 목회자들과 함께 교제를 나누는 유익한 시간을 갖기도 하였습니다. 이때의 촬영은 모두 기념이 되도록 시애틀에서 오신 새소망교회의 전천홍 집사께서 담당해 주셨습니다.

그리고 축하객 중에는 하와이에서 오신 버틀로 목사, 일본에서 오신 쥬조 목사 등이 있었는데, 이분들은 하와이 인터내셔널신학대학원 교수로, 좋은 말씀으로 각자 축하해 주셨습니다. 그리고 설립 예배가 있고 다음 날인 8월 22일부터 이곳 선교사들인 정회권, 김호식, 송성호, 조성일, 서희범 및 윤형복 목사 등이 참석한 신학세미나에서 강의하심으로 큰 은혜를 나누기도 하였습니다.

2) 교회 유치원 사역

지난해 후원해 온 봉아봉선교교회와 봉아봉유치원과는 계속 협력 관계를 유지하기로 하였습니다. 그래서 지난 8월 15일에는 부산 영락 교회의 이순자 전도사와 같이 마닐라에서 북으로 5시간 걸리는 봉아 봉까지 가서 유치원 아이들에게 당장 쓸 가방과 티셔츠를 나누어 주었으며, 그 교회 담임이신 베드로 목사는 마린로드 성도교회 설립 예배에서 따갈로그어 통역을 해주셨기에 서로 우의를 돈독게 하였음은 물론, 더불어 하나님께 영광을 돌림으로 그곳 지역 주민들과의 친밀도를 한층 높여도 주었습니다.

3) 인터내셔널 필리핀 목회자 세미나 사역

오는 12월 11일에는 3박 4일 예정으로 필리핀 목회자를 위한 세미나를 라구나 수양관(Laguna Camp)에서 개최하기로 하였습니다. 이는 지난 1년간 월 1회 저희 집(선교의 집)에서 실시해 온 목회자 재교육 프로그램의 확대판인데, 여기에 소요되는 경비는 수원 중앙교회의 이경운 목사께서 전액 헌금해 주셨습니다. 그런데 이 원주민 목회자를 위한 세미나는 이번 한 번으로 그치는 것이 아니라 하기와 동기 방학을 이용하여 2년 단위로 실시하되, 1년에 2회 실시하기로 하였습니다.

원주민 목회자 재교육과 필리핀 복음화에 크게 기여하게 되기를 기도하는 마음 간절합니다. 한국에서도 많은 목회자가 참석하게 되기를 위하여 기도하지만, 참가자는 소요경비 문제상 필리핀 목회자 30명으로 제한하여 이미 예약해 놓은 상태입니다. 이 행사가 매해 성공리에 마치고 또 계속될 수 있도록, 여러분들의 적극적인 기도를 부탁드립니다.

4) 마닐라 생명의 전화 상담 사역

'마닐라 생명의 전화' 상담 사역은 계속되고 있습니다. 이 사역을 계속할 수 있도록 도와주시는 분은 『마닐라 포스트』의 김점순 권사님이십니다. 『마닐라 포스트』는 김 권사님이 발행하는 한인들을 위한 정보 주간지인데, 매주 발행 때마다 생명의 전화 상담 사역의 광고를 무료로 게재해 주십니다. 그러하신 지도 벌써 1년 세월이 가까워집니다. 그래서 필리핀에 거주하시는 교민들이나 유학생들이나 또는 일시 방문하신 분도 문제가 있으시면 그 광고를 보시고 언제든지 전화를 해주시게 되는 것입니다. 얼마나 감사한 일들인지요. 이는 고통받고 방황하는 세상 사람들에 대한 그리스도의 참사랑이 없다면 도저히 감당할 수 없는 일들입니다.

이제 제2기 사역을 감당하려 함에 있어 앞으로 저희의 사역이 더욱 열매 맺을 수 있도록 여러분의 계속적인 기도와 성원을 부탁드립니다. 저희는 모든 것을 하나님께 맡기고 하루하루 책임을 다할 것입니다. 감사합니다.

1995년 9월 22일
마닐라에서, 백삼진 선교사 드립니다

제2장

약 속

너희 믿음의 확실함은

불로 연단하여도 없어질 금보다 더 귀하여

예수 그리스도께서 나타나실 때에

칭찬과 영광과 존귀를 얻게 할 것이니라. 벧전 1 : 7

가는 선교사와 보내는 선교사

† 서울제자훈련원 정학봉 교수님에게

1996년 새해 첫날 아침입니다. 광명한 아침 햇살이 이곳 저희가 살고 있는 마닐라 미드타운(Midtown)을 환하게 비치니 하늘에는 영광이요, 땅에는 평화가 한없이 넘쳐흐르는 듯합니다. 그래서 두 손을 모으고 욕심을 내어서 기도를 드립니다. "작년보다 더 큰 은혜와 축복을 베풀어 주시옵소서!"

저희가 목사님의 아낌없는 기도와 후원 속에서 1995년도 사역을 은혜 중에 마치고, 이제 1996년도 금년도 사역을 감당하려 함에 있어서는 "주 안에서 항상 기뻐하라 내가 다시 말하노니 기뻐하라 너희 관용을 모든 사람에게 알게 하라 주께서 가까우시니라(빌립보서 4:4-5)."라고 하신 말씀과 같이, 금년도에도 우리의 관용과 진도를 더 나타내게 되기를 위하여 기도드립니다.

우리가 선교를 시작한 지도 4년 세월입니다. 그동안 우리 부부는 한국과 필리핀에서 떨어져 살았습니다. 아내인 저는 선교를 위해서 여기 필리핀에 나와있고, 남편인 최 강도사는 한국에서 집과 직장을 지키면서 살았습니다. 그런 것은 모두가 선교를 위한 사명감 때문입니다만, 그러다 보니 전후가 뒤바뀐 것 같아서 비난도 많이 받습니다.

그것이 주님의 명령이시라면 앞으로 10년이든 20년이든, 우리 부부 목숨 다하여 이 길을 계속 가겠습니다. 육적으로는 부부가 각각 헤어져 있지만 "이를 위하여 우리가 수고하고 진력하는 것은 우리 소망을 살아계신 하나님께 둠이라(딤전 4:10)." 함과 같이 순종하는 마음으로 참으며 살려고 함입니다. 그렇다고 선교를 등한시하고 살고 있는 것은 아닙니다. 아시다시피 남편은 지금 모교(안양대학교)에서 총장 비서실장으로 일하고 있습니다. 그러나 방학 때가 되면 방학 즉시 선교지로 달려 나와서 부족한 저를 도와서 동역을 하곤 합니다. 그렇게 저희 부부는 시간이 나면 여기 필리핀 선교지에서 언제나 같이 모여 협력함으로 선교에 박차를 가하곤 합니다.

1995년도에도 저희 부부는 7월과 8월과 12월, 이렇게 세 번, 방학 때마다 같이 모여서 사역을 하였습니다. 기도하고 토론한 후, 유치원 개척 사역(1995. 6. 마린로드유치원 설립)과 교회 개척 사역(1995. 8, 마린로드교회 개척)과 제1회 인터내셔널 목회자 세미나를 주관하였습니다(1995. 12. 11~13).

물론 이렇게 되기까지는 앞에서 지도해 주시는 목사님과 뒤에서 기도해 주시는 사모님, 그리고 물질적으로 후원해 주시는 성도님들의 숨은 봉사가 있었음에 가능했던 일이라고 생각합니다. 목사님 감사합니다. 1996년도 새해를 맞으면서 아래와 같이 기도를 부탁드리오니 사역을 잘 감당할 수 있도록 위하여 기도해 주십시오.

첫째로는 마린로드교회의 성장과 성도들의 신앙 성숙을 위해서 기도해 주세요. 지금 원주민 교인들이 매주 20여 명 참석하여 예배를 드리고 있으나 아직 믿음이 깊지 못해서 우왕좌왕하고 있는 실정입니다. 그런 것을 보게 될 때 가슴이 아픕니다. 이들의 신앙을 지도하고 있는 봉 전도사를 위해서도 기도해 주세요.

둘째로는 유치원 사역을 위해 기도해 주세요. 지난해에 있었던 경우이지만, 6월에 개원할 때는 유치원생이 110명이었으나 그동안 30명이 자퇴하고 해를 넘겨서 현재는 80명이 공부하고 있습니다. 자퇴한 30명은 나름대로 어려운 사정이 있었고, 이에 따라 학부모가 받은 상처가 컸으므로 유치원 사역과 전도에 많은 어려움이 따르고 있는 실정입니다.

셋째로는 초등학교 사역을 위해 기도해 주세요. 유치원을 졸업한 후에 아이들이 초등학교에 진학해야 하는데 형편이 어려워서 초등학교에 가지 못하는 어린이들이 너무나 많다는 사실입니다. 가슴이 아픕니다. 여기 교육정책은 한국과는 달리 매우 선진적이라 초등학교를 세우는 데 까다롭지 않은 이점이 있습니다. 그래서 우선 10~20명 정도의 학생들이 모여 공부할 수 있는 소그룹 단위의 초등학교를 세워서 운영코자 하오니, 이 일을 꼭 성취할 수 있도록 위하여 기도해 주세요.

넷째로는 생명의 전화 사역입니다. 매주 마닐라 포스트 지를 통하여 광고가 나가고 있으므로 한인교포와 유학생들이 자주 상담을 해 오고 있습니다만, 다양한 그들의 욕구를 채워주고 어려움을 해결해 주기엔 어려움이 많을뿐더러, 저 혼자로서는 역시 역부족입니다. 협력할 수 있는 자격이 있는 전문 상담인들을 보내주시고, 모든 문제를 주 안에서 해결 받을 수 있도록 기도해 주세요.

다섯째로는 제2회 인터내셔널 목회자 세미(International Pastor's Seminar)를 위해 기도해 주세요. 제1회 세미나는 이미 마린로드교회 주관으로 라구나 수양관에서 원주민 목회자 30명을 초청하여 성공적으로 개최하였습니다만, 제2회 세미나는 같은 장소에서 1996. 7. 22. ~ 26, 기간에 개최하는 것으로 하였습니다. 그리고 이번 세미나는 사모를 포함하여 목회자 80명을 공동 초청하였으므로, 이는 필리핀 선교 역사상 그 유례가 없는 대단위 초청 세미나가 되겠습니다. 알맹이 있는, 그리고 이를 통하여 아시아 전역의 선교는 물론이지만, 세계로 뻗쳐 나갈 수 있는 결실을 맺는 세미나가 되도록 기도해 주세요.

그런데 제1회 세미나 참석자의 프로필을 보면 75세의 원로 목사님으로부터 석·박사 학위 소지자가 태반으로 아시아 선교 정책에 대한 열띤 토론과 함께 이곳 교계에 큰 관심이 집중되었음을 보고드리지 않을 수 없습니다. 그 외 보내는 선교사인 남편 된 최정인 강도사와 가는 선교사인 아내 된 저 백삼진 선교사가 사역을 잘 감당할 수 있도록 영력 충만과 건강 충만을 위해 계속하여 기도해 주시기를 간절히 부탁드립니다. 감사합니다.

1996년 1월 1일 새해 아침에
마닐라 미드타운에서, 백삼진 선교사 드림

유치원과 초등학교 연계교육의 실제

† 한국기독교민관민연합선교회 대위 엄두섭 목사님에게

안녕하십니까? 만물이 소생하는 봄입니다. 군 복음화를 위해 애쓰시는 목사님과 장병 여러분의 가정에 하나님의 크신 축복이 항상 같이하시기를 기도드립니다.

이번에 저희 마린로드(Marine Rd.) 교회에서는 교회 설립 이후, 첫 유치원 졸업생을 배출하였습니다. 그간 원주민 교회와 협력하여 여러 차례 유치원 졸업식을 거행해 왔지만, 이렇게 저희가 시무하고 있는 교회에서 졸업식을 거행하고 보니 감개무량입니다. 무한한 기쁨과 함께 하나님께 영광을 돌립니다. 졸업식은 1996년 3월 18일 오전 7시에 거행되었습니다. 졸업생은 유치부생 1반, 유치원생 2반 등 3반으로, 총 78명이었습니다. 1년 동안 수고하신 선생님은 유치부에 리벌띠(Liberty) 선생님, 유치원에 로나(Rona), 디바인(Divine) 등 세 분 선생님이셨습니다.

선교를 시작한 지 6년째를 맞는 저희는 그간 목사님과 성도 여러분의 지원에 힘입어 노력 이상의 성과를 거두게 되었습니다. 교회 개척

1개소, 유치원 설립 5개소, 지도자훈련, 목회자 세미나, 상담실 운영, 의료봉사, 각종 구호품 전달 등, 선교 정책상 필요한 여러 방법을 성공적으로 수행하므로 괄목할만한 성장을 하였다고 하겠고 이로써 필리핀 교계의 주목도 받게 되었습니다. 그리하여 지난 3월 28일 아침 7시, 필리핀 교계 지도자가 다수 참가하고 있는 I.C.C.의 임원들과 같이 대통령궁에 초빙되어 저 백 선교사가 라모스 대통령과 함께 조찬 예배를 드리며 환담하는 기회도 가질 수 있었습니다.

라모스 대통령은 역대 대통령 중 유일한 개신교 출신이라 선교에 관심이 높으며, 국민들 사이에도 신앙생활을 통하여 본이 되고 있으므로, 이를 계기로 필리핀 복음화가 앞당겨질 수 있도록 전체 선교사들이 기도하는 중입니다.

특히 올해에는 연계교육의 일환으로 초등학교 1개 반을 운영할 계획입니다. 그간 유치원을 통해 학생과 학부모에게 복음을 전파하느라 애는 썼는데, 졸업 이후에는 관계가 끊어짐으로 유치원 사역이 단기적인 효과밖에는 거둘 수 없었다는 것이 솔직한 고백입니다.

필리핀에서는 우리나라와는 달리, 공부할 수 있는 장소와 유자격 선생님만 있으면 초등학교를 설립, 운영할 수 있게 되어있습니다. 그래서 우리가 가르친 유치원 졸업생이 초등학교에 입학하고, 그 학생이 다시 6년 동안 우리(선교사)와 같이 생활하게 된다면 그 학생과 학부모가 주님을 구주로 영접하게 될 것이며, 그들이 반드시 그리스도인이 될 것을 믿어 의심치 않습니다.

그리하여 저희는 앞으로도 지속적으로 유치원을 설립하여 운영코자 합니다. 지난 3월 19~20일에는 1개 처를 더 개척하기 위해 이미 민도로섬의 폴라에 다녀왔습니다. 한국에서 선교 탐방차 오신 군포 삼일교회의 민경희 전도사님, 민경남 전도사님과 같이 갔었는데, 신축 중인 그곳의 에덴교회와 모든 것을 같이 협력하기로 하였습니다. 민도로섬에는 아직도 복음이 무엇인지 알지 못하는 미전도 종족이 다수 살고 있어서 복음의 황무지와 같은 곳입니다. 그러니 민도로섬의 유치원 사역은 앞으로 민도로섬 복음화를 위한 전초 기지가 될 것입니다.

이미 계획된 제1차 목회자 세미나는 예정대로 필리핀 목회자 80여 명이 초청된 가운데, 오는 7월 29~31일(2박 3일)간 라구나 수양관(Laguna Camp)에서 개최됩니다. 매월 마지막 주 토요일에 실시되고 있는 지도자 훈련 프로그램은 제1회 목회자 세미나에 참가했던 목사님들이 거의 참석하고 있으므로 그전보다 더욱 활기차고 알차게 진행되고 있습니다. 그들이 자기 교회에 돌아가 각자 배운 것을 토대로 목회하고 있으므로 복음주의 교회가 날로 증가하고 있는 것이 이곳의 실정입니다.

기도를 부탁드립니다.

첫째로, 마린로드교회가 성령의 인도하심 따라서 인근 지역을 복음화하고, 날로 성장 발전할 수 있도록 위하여 기도해 주십시오.

둘째로, 오는 7월 29~31일, 2박 3일로 예정된 제2회 목회자 세미나가 은혜 중 마칠 수 있도록 위하여 기도해 주십시오.

셋째로, 오는 8월 10일 5박 6일로 예정된 '육·해·공·본부교회'의 선교 탐사와 바탄까스~깔라판 간의 왕복 선상 전도 집회가 하나님의 특별한 섭리 가운데 진행될 수 있도록 위하여 기도해 주십시오.

넷째로, 우리 집의 작은 선교사들인 장녀 수정, 장남 귀석, 차녀 아란, 차남 진석이가 부모와 같이 협력함으로 하나님의 이름을 더욱 높여 드릴 수 있도록 위하여 기도해 주십시오. 특히 북한의 전쟁 위협이 날로 고조되고 있는 가운데 국토방위의 임무를 띠고 DMZ를 누비며 수색 정찰에 여념이 없는 막둥이 아들 진석이의 건강과 신앙을 위해 기도해 주십시오.

지난번 귀국하였을 때는 군 병원에 다니면서 건강 검진을 받게 하는 등 여러 가지로 격려해 주시고 기도해 주셔서 감사합니다. 시편 116편 12~14에 "여호와께서 내게 주신 모든 은혜를 무엇으로 보답할꼬 내가 구원의 잔을 들고 여호와의 이름을 부르며 여호와의 모든 백성 앞에서 나의 서원을 여호와께 갚으리로다." 하였으니, 할렐루야 그 이름을 찬양하오며, 여호와 하나님께 영광을 돌립니다. 올 한 해도 건강하시고 계획하신 일 모두가 그리스도 안에서 성취하시기를 위하여 기도드립니다. 감사합니다.

1996년 4월 8일
Marine Rd. Learning Center에서 #506 Midtown, 1268 U.N. Ave., Paco, Manila, Phil.
백삼진 선교사 드립니다.

선교용 음향기기를 보내주세요

† 예닮교회 김호식 목사님에게

할렐루야! 주님의 이름으로 문안드립니다. 마닐라에 터를 정하고 선교를 시작한 지 6년여 세월이 지나고 있습니다. 선교 사역 과정에서 그동안 어려운 점이 없지 않았으나 그런 과정을 통하여 훈련받게 하시고 사역하게 하심을 감사드립니다. 모든 것이 주님의 은혜이지만 선교의 열정을 가지고 기도와 물질로 협력하시는 예닮교회 김 목사님과 성도님들의 후원이 아니었으면 할 수 없었던 사역임도 고백합니다.

1994년 7월에 개원한 '선교의 집' 사역은 잘 진행되고 있습니다. 여기서 선교의 집이란 다른 집이 아니라 저희가 세 들어서 살고 있는 저희의 집을 그렇게 부르고 있음을 말씀드립니다. 그것은 우리가 살고 있는 집이 단순한 생활 중심의 공간이 아니라, 선교 중심의 집이라는 의미로 그렇게 명명하였던 것입니다.

그리하여 우리는 여기 선교의 집에서 두 개의 사역을 동시에 시작하였습니다. 첫째로는 '선교의 집'이라는 선교용 팸플릿을 발행하여 매월 후원 교회로 배포하는 사역과 두 번째로는 필리핀 목회자 세미나를 개최하는 사역이었습니다. 팸플릿은 6페이지로 하였고, 주로 우리의 사역을 홍보하는 것으로 편집을 하였습니다. 그리고 필리핀 목회자 세미나는 '선교의 집'을 개원한 다음 해인 1995년에 첫 번째로 시작하였는데, 12월 11일부터 13일까지 2박 3일간 필리핀 목회자 32명을 초청하여 개최하였습니다. 장소는 라구나 수양관이었고, 강사는 대한신학교 정학봉 교수와 이경운 목사였습니다.

1996년의 신년 계획 중 핵심 사역은 작년에 세미나에 참석했던 목사님들의 교회를 순회하면서 성경연구모임을 갖는 것으로 하였습니다. 그리하여 1월에는 봉 목사님(Pasto Bhong) 교회에서 모임을 가졌고, 2월에는 제가 잠시 한국에 가서 선교 보고를 하고 오는 관계로 건너뛰었고, 3월에는 임마누엘 목사님(Pstor Immanuel) 교회에서 모임을 가졌습니다. 그리고 4월에는 20일에 '선교의 집'에서 합동으로 성경공부(Bible Study)를 가질 예정입니다.

그렇게 '선교의 집'에서는 팸플릿을 제작하여 배포하고, 선교의 집 주축으로 세미나를 개최합니다. 그런데 여기서 기도 제목이 나옵니다. 세미나를 시작하기 전에 드리는 예배가 매우 빈약하다는 사실 때문입니다. 적당히 드리는 것이 아니라 교회에서 드리는 예배와 동일하게 신령과 진리로 예배를 드리는데, 여기서 제가 말씀드리고자 하는 것은 그 예배의 거의 모든 순서가 음악 예배형식이라는 사실입니다. 필리핀식의 예배는 음악(찬양) 예배라고 할 만큼 많은 시간을 찬양하는 데 사용합니다. 그리하여 찬양예배 때에는 자연히 기타와 드럼 등

악기가 필요한데, 여기서는 맨입으로 드리고 있으므로 은혜가 반감하고 있다는 사실입니다.

교회도 마찬가지입니다. 열악한 환경 속에서 사역하고 있는 많은 목회자의 교회에서는 태반이 악기 하나 없이 예배를 드리고 있는 현실입니다. 이곳 사람들이 예배 중에 연주할 수 있는 가장 손쉬운 악기는 기타(Folk Guitar)입니다만, 현재 제 형편으로는 그런 현실을 보게 되면서도 그것을 사 줄만 한 능력이 되지 못합니다.

그냥 기도만 했습니다. 그냥 기도만 하고 있다가 이제 용기를 내어 김 목사님께 요청을 드립니다. 그들이 예배를 드릴 때 더 열정적으로 예배를 드릴 수 있도록 도와주세요. 할 수 있다 하신 이의 능력으로 예닮교회 성도님들의 기도와 후원으로 각 교회에 기타 1개씩을 사 줄 수 있게 되기를 위하여 아래와 같이 요청드립니다.

음악 선교용 포크기타 후원 청원 내역서(필리핀산)

저가 500페소~1,000페소, 중가 1,500페소~2,500페소

고가 2,500페소~3,000페소, 외국산(일본 등) 2,500페소~3,000페소

(천 케이스, 끈은 별도, 1$=25P)

혹시 교회에서 쓰지 않고 창고에 넣어두고 있는 기타라도 있으면 보내주시면 감사하겠습니다. 이달에는 Emmanuel교회, Marine Road교회, Villa Beatriche교회 등 3개 교회에 기타를 후원하였으면 합니다. 감사합니다.

1996년 6월 10일
마닐라에서, 백삼진 선교사 드림

교회 개척의 첫 삽을 떴습니다

† 선교 후원 교회에 드리는 글

할렐루야! 그간도 주님 은혜 중 안녕하온지요. 이곳은 목사님과 전도사님, 그리고 성도 여러분의 끊임없는 기도와 후원으로 모두가 평안하오며 선교 사역도 계획대로 잘 진행되고 있습니다. 햇수로 벌써 6년. 부족한 여종이 그간 무엇을 제대로 할 수 있었을까마는, 빌립보서 4장 13절의 말씀과 같이 "내게 능력 주시는 자 안에서 내가 모든 것을 할 수 있느니라"는 확신으로, 주님이 대장 되셔서 이끌어 주시는 대로 열심히 사역에 임하고 있습니다.

목사님, 전도사님, 그리고 성도 여러분!

여자로서 혼자서 하는 사역이라 저는 그간 멸시도 많이 받았고, 예기치 않은 모함으로 곤경에 처할 때도 한두 번이 아니었습니다. 그러나 오히려 이 모든 것이 저에게는 밑거름이 되었으므로 원망이나 좌절 따위는 하지 않고 감사함으로 받아들였습니다. 앞으로도 더욱더 사랑해 주시고 어여삐 질책해 주시고 수시로 기도해 주시기만 한다면 저는 더 힘을 얻고 용기를 내어 보다 더 큰 사역을 감당하게 되리라고 확신합니다.

현재 진행하고 있는 사역은 교회 건축입니다.

지난주(1996. 6. 26.~27.)에 여름방학을 이용하여 내려오신 최정인 강도사와 파키토(Ptr. Paguito) 목사님, 그리고 저와 함께 민도로(Oriental Mindoro)섬의 폴라(Pola)에 가서 건축기금도 헌납하고, 건축위원들과 같이 예배를 드리고 왔습니다. 이 교회 이름은 폴라교회(Pola Christian CHurch)입니다. 우선은 지역 이름을 따서 그렇게 부르기로 하였습니다. 늪지 위에 세우고 있는 해변 교회인데, 기둥을 세우고 지붕을 덮어서 우선 비바람을 가리게 해놓고 왔습니다. 이제 허리 높이로 벽 사방에 블록을 쌓고 바닥을 다져 시멘트로 바르기만 하면 훌륭한 예배 처소가 되겠습니다.

이는 폴라에 교회를 개척하기 위해 여러 차례 현지를 방문하고 기도해 온 지 실로 5년 만의 결실이 되겠습니다. 이 일이 아름답게 열매 맺게 되기를, 그리고 폴라교회가 민도로섬을 복음화하는 데 전초기지가 되도록 위하여 기도해 주시기를 부탁드립니다.

둘째로는 미전도 종족인 망얀부족(Mangyan Tribal)에게 복음을 전파하고 교회를 세우는 일입니다. 이 일을 위해 이미 폴라에서 2시간 걸려 걸어서 올라가는 산속에서 10명 정도 되는 망얀족과 접선하고 있는 가웬(Ptr. Gawain) 목사님과 약속을 하였습니다. 교회 이름은 쁘띵까까오교회입니다. 이 또한 그 지역 이름을 따서 그렇게 부르기로 하였습니다. 그리하여 1996년 7월 23일~25일에 대전통합병원 단기 선교팀과 의료봉사 사역이 이 지역을 방문하는 것을 기회로 교회 건축의 첫 삽을 뜨는 것으로 하였습니다. 망얀족은 남녀 공히 아직도 옷을 안 입고 중요한 부분만 가리고 사는 미개한 종족입니다. 하루속히 이들을 주님의 품으로 입양하게 되기를 위하여 기도해 주시기를 부탁드립니다.

셋째로는 노바리체스(Novariches)에 교회를 세우는 일입니다.

교인들이 모여 수시로 예배를 드림으로 그간 여러 명의 목사님들이 교대로 예배를 인도해 왔는데, 얼마 전에는 담임으로 릿도(Ptr. Riddo) 목사님을 임명하였습니다. 교회는 헛간 같은 곳입니다. 조금만 비가 와도 예배를 못 드립니다. 몇 번 같이 예배를 드렸는데 교인들이 얼마나 열심인지 너무나 감격스러워 눈물 없이는 예배를 못 드립니다. 부족한 여종이 아무 가진 것도 없지만 기도하면서 또 노바리체스에 성전을 건축하여 봉헌하고자 하는 결심을 굳혔던 것입니다.

그리하여 수개월 내에 기둥을 세웠고, 서까래를 얹어놓았습니다. 곧 지붕을 덮는 공사를 시작합니다. 그리고 이곳에도 유치원이 있어야 하겠음으로 유치원 개척 사역을 위해 또 동분서주하고 있습니다. 이미 군포 엘림선교회(삼일교회 민경희 전도사)에서 아이들을 위해 고급 크레파스를 수십 통 보내주셨고, 은혜기도원(안현숙 원장)에서도 유치원 가방 수십 개를 보내주셨습니다. 그리하여 노바리체스교회는 오는 11월 중에 헌당 예배를 드릴 예정에 있으며, 폴라교회는 오는 8월 7일에 헌당 예배를 드리기로 광고가 나갔습니다. 이 모든 교회 개척 사역이 잘 마무리되어 하나님께 영광 돌리게 되기를 원하오니 기도해 주시기를 부탁드립니다.

마린로드(Marine Rd.) 교회는 제가 맡아 목회하였으나 앞으로는 그간 협력하던 봉(Ptr. Bhong) 목사님이 맡아서 전적으로 운영하기로 하였습니다. 인간적으로는 좀 섭섭한 점이 없지 않아 있지만, 원래 선교사의 교회 개척 사역이란 토착 교회를 세우는 데 있다고 하겠음으로, 앞으로는 그저 교회를 세운 후 뒤에서 기도하면서 후원하는 것으로 사역을 감당하고자 합니다. 마린로드교회가 앞으로도 계속 성장하고 인근 각처의 영혼을 구원하는 진리의 터와 기둥이 되기를 위하여 기도해 주시기를 부탁드립니다.

마닐라 생명의 전화 상담 사역도 은혜 중 잘 진행되고 있습니다. 내담자가 늘어남에 따라 종전보다 상담 시간을 더 늘려 주 6회 상담에 임하고 있습니다. 월~목은 631-1134로, 금~토는 523-2429로, 매일 오후 2시부터 상담을 실시합니다. 다행히 코리아포스트, 뉴스게이트 등 마닐라 유수한 언론매체들이 이 운동을 이해하고 동참하여 매주 광고를 무료로 게재해 줌으로 얼마나 활성화되는지, 그 고마움에 감격할 따름입니다. 그리고 1996년도 후반기에 접어들면서, 이제 남은 사역은 7월 31일~8월 2일에 진행할 제2회 인터내셔널 목회자 세미나 사역인데, 참석 인원은 기존 멤버인 60명 외에, 보다 많은 필리핀 목회자의 참석을 유도하기 위해 사전에 공개 강좌를 실시함으로 문호를 개방하기로 하였습니다.

할렐루야! 하나님의 그 크신 은혜에 다시 한번 더 감사를 드립니다. 이 일을 위해 뒤에서 헌신과 봉사로 노심초사하는 최정인 강도사와 한국에 자식들을 떨려놓고 항상 가슴 메워지는 아픔 속에서 사는 미련한 여종을 위해 기도해 주세요. 우리들의 작은 선교사들인 사랑하는 수정, 귀석, 아란, 진석의 합심하는 마음과 협력을 위해서도 기도해 주시기를 부탁드립니다. 섬기시는 교회와 가정 위에 하나님 아버지의 크신 축복이 항상 같이하시기를 기도드리며 이만 글을 멈춥니다. 감사합니다.

1996년 7월 2일
마닐라 미드타운에서, 백삼진 선교사

✟ 민도로섬 선교의 시작

✝ 선교 후원 교회에 드리는 글

무더운 여름철을 어떻게 지내셨는지 궁금합니다. 달력을 보니 어느덧 가을 입구, 환절기를 맞이하여 여러분의 교회와 가정이 주님의 은혜로 더욱 충만하시기를 기도드립니다. 그렇지만 필리핀은 환절기와는 아무 관계 없이 여전히 덥기만 합니다.

하기야 필리핀은 1년 4계절이 전부 여름뿐이니, 애초부터 계절의 변화를 생각한다는 그 자체가 사치요, 꿈일 뿐입니다. 뜨거운 햇빛 아래서 언제나 땀을 줄줄 흘리며 다닐 수밖에 없습니다. 그러다 거울을 보면 인제는 저 자신도 햇빛에 새까맣게 그을려 원주민이 다 된 느낌입니다. 저의 생김새가 원래 동남아 여인과 비슷하게 생겼기에 어떤 면에서는 이렇게 변한 제모습이 원주민들에게 쉽사리 접근할 수 있는 이점도 있으므로, 이 또한 주님의 은혜라 생각되어 감사드리지 않을 수 없었습니다.

금년 전반기는 예년에 비할 수 없이 참으로 기쁘고 활기차게 사역을 감당할 수 있었음에 감사를 드립니다. 그중에서 무엇보다 감사한 것은 미전도 종족인 망얀족(Mangyan Tribal) 선교를 위해 그 전진기지가 될 교회를 민도로(Oriental Mindoro) 섬 폴라(Pola)에 건축하였다는 사실입니다. 지난 8월 7일에는 육본본부교회 여전도회의 헌신과 찬송으로 은혜롭게 예배를 드렸으며, 이 헌당식에 참석하기 위하여 육본본부교회 청년회원 25명이 갖가지 선물과 찬송을 준비해 가지고 와서 하나님께 영광을 돌렸습니다.

헌당식은 이 교회 담임이신 에덴(Ptra. Eden) 전도사 주관으로 거행되었는데, 멀리 마닐라에서 오신 브랭딩기(Ptr. Dr. Prendengue) 목사님이 설교를 맡아주셨습니다. 인근 교회 목사님들과 교인들과 본교회 교인들을 합하면 100여 명 정도가 참석했는데, 자그마한 교회가 사람들로 꽉 들어차 후끈거리는 열기 속에서 기타를 치고 춤을 추면서 시간 가는 줄을 몰랐습니다.

축하객 속에는 망얀부족에게 복음을 전하고 있는 가웬(Ptr. Gawain) 목사님이 계셨는데, 폴라교회가 망얀부족 선교를 위한 전초기지로 세워진 것이기에 마치 자신의 교회를 헌당하는 양 기쁨에 넘쳐있었습니다. 헌당식 중에는 기타 없는 교회에 기타 보내기 운동을 펼치고 있는 예닮교회(김호식 목사님 시무) 선교부(선교부장 한영희 집사)의 후원으로 이 교회 협력 목사이신 대니(Ptr. Danny) 목사님과 가웬 목사님에게 각각 기타를 기증하는 순서를 갖기도 하였습니다.

여기에 교회가 세워지게 된 경위를 잠깐 말씀드리면, 이곳에 복음이 전파된 지 6년 만의 결실이 되겠습니다. 그러니까 그것은 1991년의 일이었습니다. 제가 병문안 차 민도로의 한 가정을 심방하고 처음으로 예배를 드리고 시작한 곳이 바로 여기 폴라였기에, 이곳에 교회를 세우고 헌당하게 된 것을 생각하면 실로 감격스럽다고까지 할 수 있겠습니다. 지난 6년 동안 이곳에 교회를 세우고, 복음은 들어보지도 못하고 죽어가는 저 불쌍한 영혼들에게 복음을 전할 수 있는 기지를 만들어 달라고 얼마나 기도했는지 모릅니다.

부산 영락교회의 이순자 전도사와 같이 와서 여러 번 기도했고, 군포 삼일교회의 민경희, 민경남 전도사와 여러 차례 같이 와서 기도하면서, 이곳에 교회를 세울 수 있도록 얼마나 많은 기도와 땀과 정성을 드렸는지 모릅니다. 그러던 것이 지난여름에 갑자기 한국기독교민관민연합선교회의 엄두섭 목사님을 통하여 육본본부교회의 도움을 받아 기공하게 된 것이 이 교회가 세워지기 전까지의 간략한 역사가 되겠습니다. 이곳까지 오려면 마닐라에서 버스 편으로 3시간, 배편으로 2시간, 지프니로 2시간 걸려 하루 종일 와야 하는 아주 먼 곳이기에 헌당의 의미가 더 값진 것 같았습니다.

그다음은 쁘띵까까오교회가 설립되기까지의 이야기입니다. 쁘띵까까오로 가기 위해서는 길도 없는 밀림 속을 3시간가량을 더 걸어서 올라가야 합니다. 그런데 망얀부족 선교의 기회는 저에게 의외로 빨리 찾아왔습니다. 그것은 폴라교회 헌당 예배를 드린 그다음 주간의 일이었습니다. 안내는 가웬 목사님이 하여주셨습니다. 그때는 청주 서원교회(안디옥교회)의 청년들이 동행하였습니다.

폴라에서 그곳 쁘띵까까오(Puting CaCao)까지는 원주민의 걸음으로 1시간이면 간다고 했지만, 우리들의 걸음으로는 3시간도 넘게 걸리는 험한 산길이었습니다. 산 고개 고개를 넘어서 끝없이 걸어가는데, 주위는 온통 코코넛 숲으로 컴컴하게 덮여있었고, 발걸음은 무겁고 갈증으로 목이 타는데 견딜 수 없었습니다. 그때마다 우리는 쉬면서 바랑가이 캡틴(촌장)이 따서 주는 코코넛에 목을 축이고, 기운을 차려서 또 가곤 하였습니다.

할렐루야! 그곳에도 사람들은 있었고, 문명 된 사람들이 살고 있었습니다. 망얀부족이라고 해서 막연히 "옷은 입고 있느냐? 팬티는 차고 있느냐?"라고 했으나 막상 도착하고 보니 용모와 풍습이 우리 한국 사람과 비슷하여 친밀감이 있었고, 제대로 옷들을 입고 예의 바르게 닭을 잡아서는 우리를 풍족히 대접까지 해주는 것이었습니다.

이곳에 교인은 10명 정도 있었고, 교회라고 할 수 없는 헛간 같은 처소에서 예배를 드렸는데, 그것이 얼마나 감사했던지, 눈물이 줄줄 흘러내렸습니다. 우리들은 가지고 간 선물들을 나누어 주고, 특히 각종 약품을 증정함에 있어서는 절실히 감사하는 그들의 눈빛을 읽을 수 있었습니다. 말하자면 이곳이 망얀부족들이 사는 마을의 입구와 같은 곳이었습니다. 그러니까 망얀부족 선교를 위해서는 이곳에 교회를 또 세워야 한다는 생각이 번득 스치고 지났습니다. 그리하여 이곳에 또 교회를 세워야 할 것이고, 우리는 이제 앞으로 얼마나 산속으로 더 들어가야 하는지, 그 속에는 또 얼마나 많은 사람이 살고 있는지, 그것은 아직도 잘 모릅니다.

이곳에서 사역하고 있는 가웬 목사님도 그것은 잘 모른다고 합니다. 그래서 우선은 그곳에 교회를 짓기로 작정하고 모두 손을 잡고 서원기도를 드렸습니다. 그랬더니 바랑가이 캡틴이 와서 인사를 하고, 교회를 지을 수 있는 대지를 주겠다고 약속하기에, 오는 12월까지 짓기로 또 약속을 하였습니다. 여기서 저는, "너희는 가서 모든 족속으로 제자로 삼아… 세례를 주고… 가르쳐 지키게 하라."라는 마태복음 28:19-20의 말씀을 다시 상고해 보고, 또 사도행전 1:8의 "땅끝까지 이르러 내 증인이 되라." 하신, 주님의 말씀을 거듭 상고해 보았습니다.

그랬더니 기도 중 여기 선교 현장에서는 '땅끝'이란, '동서남북' 또는 '어디든'이라는 개념으로 이해되었고, 그래서 지구가 둥글 듯이 동서남북도 둥글어 가도 가도 끝이 없는, 그것이 선교사가 가야 할 길이라고 생각하였습니다. 물론 오지라고는 하지만, 이런 곳에 선교사가 다녀가지 않은 것은 아니겠지만, 쁘띵까까오 원주민의 말에 의하면 한국 사람은 처음으로 만나본다 하기에, 제가 한국 선교사로 이 마을 사람들을 처음으로 접촉한 것은 틀림없는 사실이 되겠습니다.

기도를 부탁드립니다.

첫째, 폴라교회 성장과 이 교회가 망얀부족 복음 전파의 전진기지가 되도록!

둘째, 쁘띵까까오 산중에 교회를 세우고, 망얀부족을 향한 복음이 더 깊은 산속으로 전파될 수 있도록!

셋째, 불라깐의 노바리체스교회의 건축과 그곳에 유치원이 개설되어 어린이 복음 사역이 계속 될 수 있도록!

넷째, 교민과 유학생을 위해 개설한 '생명의 전화' 상담을 통하여 더 많은 사람이 위로를 받고, 바른길을 찾아갈 수 있도록!

다섯째, 3년째 계속하고 있는 목회자 바이블 스터디(매월 마지막 토요일)가 더 알차게 진행되어서 참석하고 있는 목회자 모두가 보수주의 신앙과 신학으로 무장될 수 있도록! 위하여 기도하여 주시기를 부탁드립니다.

우리는 이 모든 일과 사역을 통하여 하나님께 영광을 돌리는 바입니다. 이 모든 일은 제가 하는 것이 아니라 주님께서 친히 주관하신다는 생각으로 가라 하면 어디든 가고, 오라 하면 즉시 오는 그런 자세로 마음과 뜻과 정성을 다하여 주님을 섬기고, 하나님 나라 확장과 한 사람의 영혼 구원을 위하여, '어디든 가오리다!' 하는 고백으로, 오늘도 여기 선교 현장에 있음에 감사를 드리며, 위하여 항상 기도하여 주시기를 부탁드립니다. 감사합니다.

1996년 9월 3일
큰딸의 결혼식 참석차 잠시 귀국한 밤에, 백삼진 선교사 씀

미전도 종족과 낙도 사역

† 수원 장로교회 이경운 목사님 귀하

주님의 은총 중 섬기시는 교회와 가정 위에 하나님의 크신 축복이 항상 같이하시기를 기도합니다. 지난 1년 동안 저희 필리핀 사역을 위해 기도로, 혹은 물질로, 이 모양 저 모양으로 후원해 주셔서 정말로 감사합니다. 물론 모든 일은 다 하나님께서 주관하시는 것이지만, 지난 1년을 회고해 보면 이 목사님의 선교에 대한 이해와 열정이 없었다면 이 모든 일을 어떻게 다 할 수 있었겠는가 하고 자문해 보지 않을 수 없습니다.

그 모든 사역 중 특기할만한 사역은 첫째로, 미전도 종족을 향한 선교의 전초기지인 폴라교회를 민도로의 폴라에 세웠다는 사실입니다. 그리고 길도, 인적도 없는 밀림 속을 3시간가량 뚫고 지나서 겨우 만날 수 있었던 망얀부족(Mangyan Tribal)과의 해후는 크나큰 행운과 보람이었다고 해도 과언이 아니겠습니다.

둘째로, 필리핀 목회자를 위한 제2회 인터내셔널 목회자 세미나

(2rd Internasional Pastor's Semminar)를 라구나 수양관(Laguna Camp)에서 1996년 7월 30일~8월 2일에 실시하였는데, 53명이 참석하였고, 수료식은 지난 11월 30일에 37명이 참석한 가운데 성료하였다는 사실입니다.

셋째는, 루손(Luzon) 섬의 바탕까스(Batangas)와 민도로(Mindoro) 섬의 깔라판(Calapan)을 잇는 뱃길에서 실시한 선상 선교가 모든 교파를 초월하여 처음으로 실시되었다는 점과 그때 전도를 받은 민도로섬의 주민들이 큰 감명 받았다는 후문이 그치지 않기에 이 또한 획기적인 기록할만한 사역이었다는 생각입니다.

그 외, 매월 마지막 주 토요일에 실시하고 있는 바이블 스터디가 벌써 4년 차를 넘어섰다는 것과 어려움을 당한 필리핀 교민과 유학생들을 위한 생명의 전화 상담실 운영 등은 잊을 수 없는 사역들이었습니다. 그리고 피아노나 오르간 없는 원주민 교회에 기타 보내기 운동을 실시한 것도 특기할만한 사항이었습니다.

1997년도에는 더욱 분발하여 다음과 같은 사역을 감당하려고 합니다.

첫째로는, 교회 건축 사역입니다. 이미 사역이 시작된 밀림 속의 미전도 종족인 망얀족 선교를 위해서, 쁘띵까까오에 3월 중에 교회를 건축하는 계획과 도시빈민층이 밀집해 있는 메트로 마닐라의 변두리인 사빵 빨라이(Sapang Palay)에 교회를 건축하는 일과 유치원 개설을 준비하는 일, 그리고 역시 도시빈민층을 위한 케손(Quezon) 시의 변두리 지역인 마리끼나(Marikina)에 교회를 건축하는 일 등, 세 곳에 원주민 교회를 건축하려고 합니다.

둘째로는, 미얀마(Myanmar) 목회자를 위한 복음주의 교육 프로그램인 '미얀마그룹 바이블 스터디'를 매월 둘째 주 토요일(제1회, 1997. 1. 11.)에 개최할 계획입니다. 이는 이미 필리핀 목회자 바이블 스터디에 동참해 온 미얀마(버마) 목사인 바우 교수를 주축으로 하여 실시할 예정인데, 이는 앞으로 미얀마 선교의 기틀을 마련하기 위한 전초 작업이 되겠습니다. 바우 교수(Pum Suan Pau, 미얀마신학교 교장)는 현재 A.T.S.(아시아신학대학)의 박사과정에 수학 중인 바, 그간 저희 '선교의 집'에서 지속적으로 장학금을 지급하고 있었습니다.

셋째로는, 미전도 종족인 망얀족 선교를 위해 이미 그 입구에 해당하는 폴라에 교회를 세우고 헌당한 바 있습니다만, 1997년 3월 중에 예정대로 밀림지대인 쁘띵까까오에 교회를 또 세울 수 있다면 동년 후반기는 그 교회를 기반으로 더 깊은 밀림 속으로, 원주민들을 찾아서 일사각오로 선교 탐사에 나설 계획입니다.

아래와 같이 기도를 부탁드립니다.

첫째로, 부족한 저의 건강을 위해 기도해 주시기를 부탁드립니다. 지난해 11월 중, 동양의료선교회(이정재 목사)의 진단을 받은 결과 신체의 기능이 거의 약화된 가운데 특히 간 60%, 콩팥 40%의 기능밖에 못 한다고 하여 안식을 권유받은 바 있습니다.

둘째로, 쁘띵까까오와 사빵 빨라이와 마리끼나에 각각 교회를 세우고 헌당할 수 있도록 기도해 주시기를 부탁드립니다. 선교와 제자화 교육과 하나님 나라의 확장은 반드시 교회를 통해서 실시되어야 함을 믿습니다.

셋째로, 미전도 종족인 망얀족 선교를 위해 기도해 주시기를 부탁드립니다. 아직도 전 세계에 미전도 종족이 11,000 종족이나 있다고 하니, 우선은 망얀족이라도 책임지고 입양시킬 수 있도록 노력하겠습니다.

넷째로, 미얀마 선교를 위해 기도해 주시기를 부탁드립니다. 미얀마는 아직 공산주의 국가입니다만, 여기서 수학하고 있는 미얀마 목회자들의 선교 열정은 민주·자유국가의 목회자에 못지않습니다. 미얀마 목회자 바이블 스터디를 통해서 복음주의 목회자들이 많이 배출되기를 기원합니다.

다섯째로, 제3회 인터내셔널 목회자 세미나는 1997년 12월경에 실시할 예정입니다. 그리고 매월 마지막 주 토요일에 실시해 온 필리핀 목회자 바이블 스터디도 계속합니다. 위하여 기도해 주시기를 부탁드립니다. 그러니까 아래로는 유치원 교육으로부터 위로는 목회자들의 복음주의 재교육에 헌신하고자 함이 저희가 지속적으로 추구해 온 기본 계획입니다.

여섯째로, 이 모든 사역을 총괄하고 지휘하고 있는 이는 최정인 강도사입니다. 생활과 자녀 교육을 위해 어쩔 수 없이 한국에서 세상 직업을 가지고 있습니다만, 그리고 지금은 서울과 마닐라에 떨어져 각각 살고 있지만, 곧 목회자로서 선교 일선에 동참할 계획이오니, 그 시기가 앞당겨지도록 위하여 기도해 주시기 부탁드립니다.

할렐루야!

저희 부부는 하나님의 은혜 가운데 겨울방학을 맞이하여 이곳 선교지에서 또 만났습니다. 그리고 1996년도의 성과에 감사드리고, 기도 중 위와 같은 계획을 세웠습니다. 이 모든 계획이 하나님 나라의 확장을 위하여 틀림없이 실시되고 열매 맺게 되기를 위하여 기도하여 주시기를 부탁드립니다. 감사합니다.

1996년 12월 25일
필리핀 마닐라에서, 백삼진 선교사

미얀마로! 산속 오지 마을로!

† 천안대학교 최순직 교수님에게

　　어느덧 여름입니다. 장마가 시작되려는지 하늘이 계속 흐리고 빗줄기가 왔다 갔다 합니다. 이런 계절에는 모든 것이 음습하기만 하여 건강에 특히 유의해야 할 때입니다. 모쪼록 금년 여름에도 하나님께서 피차간 건강으로 축복해 주시기를 기원드립니다.

　　6개월 만에 잠시 한국에 왔습니다. 실은 금년이 안식년이라 쉬고도 싶었지만, 늦은 나이에 시작한 선교이고 보니 저로서는 하나님 앞에 그런 염치가 없을뿐더러 한시라도 더 많은 일을 해야 하므로 안식년을 반납하고 열심히 뛴다는 것이 경황 중에 이렇게 선교 편지도 늦게 올리게 되었습니다. 양지하여 주시기 바라옵니다.

　　제가 현재 사역 중인 것은 교회 건축입니다. 교회를 짓고 있는 곳과 교회 이름은 쁘띵까까오 마을에 있는 쁘띵까까오 연합교회(Puting CaCao United Christian Church)입니다. 이곳은 작년에 봉헌한 폴라 교회에서 약 3시간 걸려서 올라가는 밀림 속 마을에 있는 교회입니다. 바다와 골짜기를 건너 길도 없는 밀림 속을 뚫고 올라가노라면 숨이 턱에 닿고 기진하여 쓰러지는 것도 예상사인가 봅니다.

지난달에는 산행 중 졸도하여 한참 만에 깨어나기도 하였습니다. 그런 밀림 속을 지나가려면 안전을 위해 원주민 목회자의 인도를 받아가야 하는데, 그날도 나는 필리핀 목회자 몇 명과 동행하고 있었습니다. 문득 정신을 차리고 보니 나는 습지 위에 누워있었는데, 파키토(Ptr. Paguito), 브랭딩기(Ptr. Prendengue), 가웬(Ptr. Gawain), 에덴(Ptra. Eden) 등, 필리핀 목회자들이 나를 감싸듯 둘러앉아서 열심히 기도하고 있었습니다.

할렐루야! 그때의 밝은 광명이란 잊을 수가 없습니다. 코코넛 가지 사이로 굴러떨어지는 햇살에 나는 정신을 차렸고, 하나님의 크신 은총을 다시 한번 더 확인할 수 있었습니다. "주여! 나를 이대로 내려가게 하지 마소서! 더 깊은 밀림 속으로, 예수님의 이름을 한 번도 들어보지 못한 저 불쌍한 영혼들인 원주민을 찾아가게 하소서!" 하고, 나는 간절히 기도하고, 일어나 또 밀림 속 산등성이를 기어오르다시피 하였습니다.

날이 어둡자 필리핀 목사님들이 솜방망이에 불을 붙여 들고는 "우- 우-." 하고, 신호를 보냈습니다. 그것이 마치 타잔 놀이 같아 처음에는 우습기도 하였으나 건너편 밀림 속에서 또 "우- 우-." 하는, 화답하는 소리가 들려 올 때, '이건 장난이 아니구나!' 하고, 모골이 송년해 지기까지 하였습니다. 그렇게 우리는 길을 찾으면서 산행을 하였던 것입니다.

작년에 처음 갔을 때는 원주민들을 경계하여서인지 6~7명가량이 모여 갔으나 원주민들을 몇 번 만나고 보니 그 순진무구함에 정이 넘쳤고, 찾아간 교회 근처에는 집이 한 채도 없었으나 제가 가기만 하면 30여 명이 여기저기 골짜기를 타고 넘어와서 같이 모여 예배를 드린답니다.

 이곳엔 물도 없습니다. 물을 얻으려면 5리쯤 산골짜기로 내려가서 떠 와야 합니다. 변소도 없습니다. 산행에 흠뻑 땀에 젖은 몸뚱이를 씻을 길이 없고, 소변을 보는 데도 여간한 용기가 아니면 볼 수가 없습니다. 그런 곳에 터를 닦고, 기둥을 세우고, 루핑으로 지붕을 덮고, 돌아가면서 벽돌을 쌓고 보니, 이제 교회는 거의 완성 단계입니다. 오는 8월 중순에는 헌당 예배를 드릴 수 있을 것 같습니다. 위하여 기도하여 주시기를 부탁드립니다. 이 교회가 완성되면 다음번엔 이 교회를 선교 베이스로 하고, 더 깊은 밀림 속을 탐험해 보려고 합니다. 그 속에는 또 얼만 큼의 사람들이 얼마나 집을 짓고 살고 있는지 아무도 모른다고 하니 여러분의 기도의 힘에 의지하여 밀림 속으로 선교지를 더 확장해 보려고 합니다.

 매월 셋째 주 토요일에 실시하던 바이블 스터디는 재정적인 문제도 있고 하여 두 달을 쉬었으나 필리핀 목회자들의 열화같은 기도에 새 힘을 얻고 다시 시작하려고 합니다. 그런데 미얀마(버마) 목회자 재교육 프로그램인 바이블 스터디는, 의외의 방향으로 나가게 되었습니다. 그것은 어느 날 갑자기 미얀마신학교 교장인 바우(Pum Suan Pau) 교수가 당신의 학교인 미얀마신학교의 건축 문제를 들고나온 일입니다. (바우 목사님은 미얀마 목사로서는 유일하게 필리핀 목회자 바이블 스터디에 계속 참석해 오고 있었습니다.) 바우 교수가 단도직입적으로 "신학교를 지어주세요!" 하고, 불쑥 계획서를 내밀었습니다. 계획서를 받아 보니 정면, 측면, 단면, 평면 설계도와 함께 항목별 자재비, 건축비, 인건비

가 일목요연하게 기재되어 있었습니다. 전체 평수 60여 평에, 건축비
는 총 1,064,000Kyat(US $1= Kyat160)로, $6,650이었습니다.

얼마나 감사한 일인지요. 저같이 연약한 여자에게, 이같이 큰 사역을
의뢰해 오다니요. 그때 무어라 형용할 수 없는 충격이 나를 강타하고 지
나가는 것 같았습니다. 그리고는 왠지, '신학교를 지어야 한다!'라는 사명
감이 불같이 일어나는 것이었습니다. 그래서 그 즉시 서울로 전화를 걸
어 의론을 하니, "너희는 먼저 그의 나라와 그의 의를 구하라 그리하면
이 모든 것을 너희에게 더하시리라(마 6:32)." 하신 말씀에 의지하여, 쌍
방 기도를 하면서 하나님께 건축비를 놓고 간구하기로 하였습니다.

아시다시피 미얀마는 인도차이나반도를 끼고 있는 불교국가로 아직
도 사회주의 체제가 견고한 나라입니다. 그러나 하나님께서 뜻이 있
어 그곳에 신학교를 세우고, 그 신학교의 교장인 바우 교수가 필리핀
에 유학 중 우리를 만나 이 일을 의론케 하셨으니, 여기엔 반드시 하
나님의 크신 섭리하심이 있다고 확신합니다.

인도차이나반도에 있는 캄보디아, 라오스, 베트남 등, 아직도 복음화되
지 않은 나라가 사역자를 기다리고 있으니 하나님께서는 앞으로 미얀마신
학교를 통해 인도차이나반도를 복음화할 것을 믿어 의심치 않습니다. 이
일을 위해 큰 역사가 일어나도록 위하여 기도하여 주시기를 부탁드립니다.

마닐라 생명의 전화는 여러분의 기도의 도움으로 크게 활성화되었
습니다. 하루에도 수십 차례 전화가 걸려 오며, 교민, 유학생, 심지어
는 어려움을 당하고 있는 목회자, 선교사에 이르기까지 실패와 진로
를 호소해 오는 대로 일일이 응대하고 있습니다. 면담이 필요할 때는

나가서 직접 위로하기도 합니다. 그리하여 마닐라 생명의 전화가 여기서 괄목할만한 성과를 거두고 있다고 하니 교만하지 않도록 기도하여 주시고, 또 갈 바를 알지 못하고 헤매는 숱한 사람들이 마닐라 생명의 전화를 통해 그리스도 안에서 생명샘을 찾고 바른길을 갈 수 있도록 기도하여 주시기를 부탁드립니다.

그리고 12월 초에 계획된 제3회 목회자 세미나는 예정대로 진행합니다. 여태까지는 참석자를 무작위로 참가시켰으나 이번에는 미리 신청받아 선별하여 훈련시키고자 합니다. 효율적인 면을 고려하지 않을 수 없습니다. 교단별, 지역별 구성비도 검토한 후 금년에도 예년과 같은 수준으로 필리핀 목회자 50명을 초청하여 진행시키고자 합니다.

할렐루야! 하나님께 영광을 돌리며, 주님의 성호를 찬양하나이다. "땅끝까지 이르러 내 증인이 되리라(행 1:8)." 주님 명령하시니, 땅끝까지 가서 일사 각오로 주님의 명령을 수행하리이다. 이는 "너희가 나를 택한 것이 아니요. 내가 너희를 택하여 세웠나니…(요 15:16)."라고 하신 말씀과 같이, 이렇게 귀한 직분 주신 하나님께 감사와 함께 영광을 돌리는 길은 이 길이 유일한 길임을 믿기 때문입니다. 그리고 오늘까지 기도로 혹은 물질로, 쉬임없이 후원해 주신 여러 목회자님과 교회 소속 각 단체 선교팀에게도 감사의 말씀을 드립니다.

1997년 7월 5일
마닐라 미드타운에서, 백삼진 선교사 드림

선고는 누가 하는가?

† 시애틀 새소망교회 송추남 목사님에게

주님의 은혜 가운데 평안하심을 기도드립니다.

한 번도 만나본 일이 없는데 지난 일 년 동안을 기도와 물질로 후원해 주심을 감사드립니다. 특히 태평양을 건너서 오는 후원의 손실이기에 더욱 감사가 넘칩니다. 때마다 필요를 공급해 주시는 주님의 은혜가 새소망교회를 통하여 우리에게 전달된 것으로 믿습니다. 생각할 때마다 더없이 좋으신 주님을 찬양합니다.

먼저 보고드려야 할 사항은 성전 건축에 대한 기쁜 소식입니다. 지난 3월 12일 밤의 일이었습니다. 새소망교회 여러분의 기도와 응답이 있어서 민도로섬(Mindoro)의 쁘띵까까오(Puting Cacao) 산악지대에서 성전을 건축하는 기공 예배를 드릴 수 있었습니다. 이 교회는 산지족의 하나인 성도들이 모인 교회로 쁘띵까까오교회입니다. 전기도 없는 산속에서 호롱불을 켜놓고 성도들이 하나님께 감사와 찬송과 영광을 돌리는 것을 보게 될 때에 그 모습이 얼마나 아름다웠던지요! 이 부족한 여종이 지금까지 필리핀 선교의 사역을 감당하면서 울며 기도하며 조바심을 폈던 나날들이 결코 고난의 길이 아니요, 영광된 축복의 길이었음을 새삼스럽게 깨닫게 되었답니다.

이는 저희가 성전 건축을 계획하고 세 번째로 드린 기공 예배였습니다. 첫 번째는 마닐라 북쪽에 있는 까마린교회(Camarin)를 건축한 것과 두 번째는 오리엔탈 민도로섬 폴라에 있는 폴라교회(Pola)입니다. 그리고 세 번째가 쁘띵까까오교회인 것입니다. 이 교회도 민도로섬의 폴라 지역에 있는 교회입니다. 폴라교회는 평지 바닷가에 있고, 쁘띵까까오교회는 산등성이 밀림 속에 있습니다. 기공 예배를 드리면서 어찌나 감사하고 기뻤던지요. 이것이 바로 예수 그리스도 안에서 이루어지는 은혜와 축복의 실체인가 하고 눈물도 많이 흘렸습니다. 이는 물론 모두 다 하나님이 베풀어 주시는 은혜이지만, 새소망교회의 송 목사님과 성도 여러분이 전적으로 밀어주신 기도와 물질의 결실이라고 하겠습니다.

7년 전에 저희 부부가 선교의 사역을 감당할 때 외부에서 들어오는 선교헌금은 500불도 되지 않았습니다. 집세만 해도 월 4백 불이었는데, 선교비와 생활비 등을 감당할 수 없어서 1천만 원씩을 두 번이나 대출을 받아서 메꾸어야만 했습니다. 그것은 처음부터 자비량으로 나왔기 때문에 어쩔 수 없는 방법이었습니다. 애초부터 선교비 후원이 되지 않았습니다. "여자가 무슨 선교사야! 여자가 무얼 얼마나 할 수 있겠어?" 하고, 돌아오는 것은 오히려 비난뿐이었습니다.

그때 남편 되는 최 강도사는 안양대학교 교직원으로 재직하고 있었습니다. 매달 월급통장에서 80만 원씩을 보내주었으므로 근근이 선교 사역과 생활을 이어갈 수 있었습니다. 그런데 가뭄에 생수가 터지듯 송 목사님께서 은사이신 정학봉 교수님을 통하여 1년 전부터 우리에게 매월 선교비 200불을 보내주셨습니다. 그것이 우리에게 얼마나 큰 힘이 되었던지, 가슴이 부풀었던 기억입니다. 감사합니다. 앞으로도 더욱 열심히 하겠습니다. 이렇게 이런저런 방법과 후원으로 여기 필리핀 밀림 속에서 사역하고 있음을 말씀드리면서, 다시 한번 더 감사의 말씀을 드립니다.

그런데 송 목사님! 청천벽력과 같은 말을 들었습니다. 송 목사님께서 선교 후원 그만하고 앞으로는 교회(새소망교회)가 직접 선교를 해야겠다고 하면서 선교비를 끊는다는 소식을 접했던 것입니다. 선교비는 그렇다고 해도, 선교를 교회에서 직접 하시겠다니요? 그것은 잘못된 생각이라고 말씀드리고 싶습니다.

선교지의 사역은 그 선교지에 있는 선교사의 계획에 맞춰서 이루어져야 진정한 선교 사역이 될 줄 믿습니다. 필리핀의 문화와 현지의 상황 속에서 어떻게 하면 효과적인 하나님 나라 확장을 전개해 갈 것인가 하는 것은, 그 선교지에 있는 선교사만이 가지고 있는 월등한 달란트라고 믿습니다. 선교사가 교회를 어떻게 개척할 것이며, 신실한 목회자를 어떻게 세우며, 성도들을 어떻게 예수님의 제자로 교육하느냐 하는 것은 전적으로 현지 선교사의 몫이라고 말씀드리고 싶습니다.

흔히들 교회는 보내는 선교사라고 합니다. 안디옥교회가 사도바울과 바나바를 파송할 때 금식하고 기도하면서 보냈다고 하였으니 그러함으로 교회는 보내는 역할만 하면 되는 것이 아니겠습니까? 따라서 보내지는 선교사는 말할 것도 없이 현장에 있는 저희가 되겠습니다.

선교 현장에서 때로는 온종일 굶고, 끝없이 질주하는 지프니 속에서 갈증하며, 야밤을 타서 예배 시간에 맞춰 햇불을 들고 산간을 3시간씩 올라가야 하는 힘든 시간도 있고, 쪽배를 타고 풍랑에 울렁거리는 속을 달래면서 몇 시간씩 달려야 하는 것이 선교사의 삶인데, 단기 선교차 한 번 와서 보고 "이것은 아니다."라고 하면서, 직접 선교를 공포하시다니요. 너무나 섭섭한 현지 선교사의 항변입니다.

무엇이 잘못되었나 기도하면서도 억장이 무너지는 아픔입니다. 선교사의 가슴을 멍들게 하는 그런 말씀은 하지 않으셨으면 합니다. 그리고 다른 선교사에게도 그와 같은 말씀은 어떤 경우에도 하지 않으셨으면 합니다. 저 하나만의 상처도 아픈데 다른 선교사님들께도 피해가 갈까 염려됩니다. 그리고 간구합니다. 선교는 현지에 파송받은 선교사들이 하게 하여주세요. 그리고 선교헌금도 끊지 말아주세요.

송 목사님! 선교사로 파송받고 나오기 전에 저는 만나교회(김우영 목사) 심방 전도사였습니다. 성도들은 전부 4천 명이었고, 전도사가 4명이 각각 1천 명의 성도들을 담당하고 있었습니다. 사랑을 많이 받았습니다. 그러나 받은바 사랑이 너무 넘쳤던 때문이었다고 할까요, 더욱 넓은 사역지를 사모하는 마음이 생겼고, 드디어 전도사직과 풍족한 사례마저 마다하고 이곳으로 달려 나왔던 것입니다. 하오니 저의 사역 의지를 꺾지 말아주세요. 다른 말씀일랑 마시고, 그전보다 더욱 기도하여 주시고 격려하여 주세요. 이 백삼진 선교사, 앞으로도 계속 송 목사님과 더불어 사역을 이루어갈 수 있게 되기를 간절히 기도합니다.

1997년 4월 4일
마닐라에서, 백삼진 선교사 드림

필리핀과 미얀마, 그리고 몽골과 러시아

† 글로리아교회 안요셉 목사님에게

주후 1998년 새해 둘째 주간입니다. 저희 부부가 방학을 맞이하여 늦게나마 다시 모여 마닐라에서 새해 인사를 드립니다. 금년에도 섬기시는 교회와 가정 위에 하나님의 크신 축복이 항상 같이하시기를 기원드립니다.

금년은 저희로서는 제1기 7년 사역을 마감하고, 제2기 첫 1년이 되는 특별한 해가 되겠습니다. 지난번 사역 보고를 해드린 바와 같이, 1991년에서부터 1997년까지의 7년간 사역 내용을 보면 유치원 4개소 설립, 교회 개척 1개소(마린로드 교회), 교회 건축 2개소(폴라교회, 쁘딩까까오교회), 필리핀 목회자 바이블 스터디 50여 회, 미얀마 목회자 바이블 스터디 10회, 인터내셔널 교역자 초청 세미나 3회 등, 저희의 사역은 교육과 건축 분야에 전념한 시기였습니다.

그 외 특기할 만한 사역으로는 교민과 유학생을 위한 상담전화인 마닐라 생명의 전화를 운영하면서 200여 회에 걸친 전화 및 방문 상담으로 좌절에 빠졌던 많은 사람에게 광명을 찾아준 일이었습니다.

이는 다 하나님의 특별하신 섭리 가운데서 성취된 일들이지만, 뒤에서 기도와 물질로 묵묵히 후원해 주신 목사님의 각별하신 배려의 덕이었기에 감사를 드리지 않을 수 없습니다.

이 기간 중 무엇보다 감사한 것은 저희 부부가 한국과 필리핀으로 줄곧 떨어져 있으면서도 주님 은총 가운데서 위로를 받으며 서로 협력하면서 이 일을 감당할 수 있었다는 것과 그간의 인간적인 고통과 외로움 등을 한데 묶어 엮은 선교 시집『사랑도 오래 묵어야 익는다』를 발간하여 문학적인 성취도 크게 보았다는 사실입니다.

저희의 제2기 사역의 계획은 이렇습니다. 제1기의 사역과 경험을 바탕삼아 저희의 선교 운영본부 명칭인 마닐라 '미션하우스'를 '마닐라 미션하우스센터'로 개칭하고, 미력하나마 마닐라를 중심으로 하여 세계 선교의 장을 넓혀가려고 합니다. 그것은 동남아에 국한했던 선교 사역을 세계 선교의 장으로 전환하는 일입니다.

그래서 첫 사업으로는 이미 보고드린 바와 같이 미얀마에 신학교를 건축하는 일이 되겠습니다. 대상 종족은 친족으로, 버마족, 카친족, 산 족과 함께 이들은 미얀마를 이끌고 있는 핵심 종족으로 몽골로이드입니다. 그러나 이들은 인도와 미얀마로 양분되어 있는 분단 민족이기도 합니다. 현재 미얀마신학교에서 공부하고 있는 학생은 58명입니다. 이 학교 학장인 파우 목사님은 필리핀에 유학하여 오는 3월 21일에 박사학위를 취득한 후 귀국할 예정이며, 7월 중에 저희가 미얀마를 방문할 때는 파우 박사님의 안내를 받게 되겠습니다.

이 일의 성사를 위해 대한신학교 교수 정학봉 박사님과 이경운 목사님이 금일(17일)에 미얀마 양곤에 도착하여 파우 학장의 지시를 받은 학교 당국자와 만나 이미 긴밀한 협의를 진행하였습니다. 디딤신학대학 교사 건축비용은 애초 6천 불이 계상되어 있으나 고산 지대라 자재 운송비, 진행비 등, 그간의 환율을 감안하면 1,500만 원 정도 더 소요될 예정입니다. 위하여 기도하여 주시고 계속 후원하여 주시면 감사하겠습니다.

오는 8월에는 연이어 몽골(Mongolia)의 수도 울란바토르(Ulaanbaatar)와 러시아(Russia)의 시베리아 남쪽 지방인 이르쿠츠크(Irkutsk)를 방문하여 북방 선교의 기지를 마련하고자 합니다. 울란바토르와 이르쿠츠크는 1996년 7월에 최정인 강도사가 이미 방문한 바 있으며, 당시 한국인으로는 처음으로 몽골 국립대학에 유학하여 제1호로 박사학위를 취득한 김선기 교수를 만나 몽골 선교에 대해서도 상의한 바 있습니다.

김 교수는 현재 집사 신분이지만, 유학 당시 제일 처음 원주민 교회를 개척, 몽골 선교의 장을 연 장본인이라 여러 가지 유익한 정보와 선교 활동의 자세한 안내를 받을 수 있었습니다. 울란바토르를 벗어나면 사람이라고는 찾아볼 수 없는 황막한 반사막이지만, 유목민들을 찾아 떠나는 몽골 선교의 장은 반드시 대신인의 손으로 개화되리라고 확신합니다.

그리고 이르쿠츠크(Irutsk)는 사실 러시아의 땅이기는 하지만, 엄밀한 의미에서 보면 몽골종족이 편재해 있는 몽골인들의 땅이라는 게 정답이 되겠습니다. 여기서는 현재 두 명의 한인이 러시아 국회에 진출해 있어 저희가 활동하기가 용이합니다. 한 명은 김영웅 모스크바

대학 교수로 러시아에서 명망 있는 정치가이며, 현재 러시아 한인 연합회 회장으로 봉직하고 있습니다. 최 강도사가 안양대학교 총장을 보좌하여 이르쿠츠크를 방문하였을 때는 이분의 안내를 받았습니다. 또 한 분은 정흥석 박사로 현직 러시아 국회의원입니다. 이분은 앞으로 주지사로 출마할 예정인데 가장 강력한 후보 중의 한 사람입니다. 한국 방문 시에 안양대학교를 상호 방문하여 비서실장으로 재직 중인 최 강도사와 우의를 다짐한 바 있습니다.

현재 러시아 선교는 공식적으로는 막혀있는 상태이지만, 예로 든 두 사람 같은 유력자를 통하여 지방행정관의 도움을 받으면 언제라도 가능한 것이 러시아의 선교이기에 가능성을 가지고 러시아의 부리야트(Buryat, 몽골족) 공화국 일대, 그러니까 시베리아 남쪽과 바이칼호 주변의 선교를 위해 재차 방문할 계획입니다. 이처럼 미얀마와 몽골과 러시아로 선교를 확장하고자 하는 저희의 목적은 그와 같은 것입니다.

이에 따라 세운 첫 번째의 계획은 몽골의 선교입니다. 인도 나가와 미얀마 디딤의 친족은 동족인 몽골로이드이며, 몽골을 비롯한 러시아 부리야트 공화국(이르쿠츠크를 포함한) 사람들도 모두가 몽골로이드입니다. 이는 이른바 세계 선교에 있어서 창의적 접근지역인 10/40의 창을 벗어나 10/50 창의 개념을 가지고 도전하려는 것이 저희의 꿈입니다.

이상 말씀드린 계획은 개인이 진행하기로는 너무 허황된 꿈일는지도 모릅니다. 그러나 저희가 선교를 시작한 이래 하나님께서는 상상도 못 할 방법을 통하여 저희로 하여금 세계에 편재해 있는 몽골인들을 접촉하게 하시니, 이는 어느새 부인할 수 없는 저희 선교의 목표점이 되었던 것입니다. 이 일의 성취를 위해 능력과 건강과 물질을 채워 주시기를 위하여 기도하여 주심을 부탁드립니다.

그 외 필리핀에서 진행하는 사역들은 여전히 진행합니다. 첫째, 필리핀 목회자 바이블 스터디는 매월 첫 주 토요일, 미얀마 목회자 바이블 스터디는 매월 셋째 주 토요일에 실시합니다. 둘째, 제4회 인터내셔널 목회자 초청 세미나는 12월에 실시합니다. 셋째, 마닐라 생명의 전화 상담도 계속하여 실시합니다. 넷째, 교회 건축은 금년에도 1개 처 교회 건축을 실시할 예정인데 마닐라 근교 사빵 빨라이 지역이 되겠습니다.

현재 한국은 IMF 시대를 맞이하여 환율이 상승함에 따라 GNP가 떨어지고, 물가 상승으로 살기조차 어려운 형편이 되어가고 있습니다. 그러나 그렇다고 해도 모든 것을 달러로 계산해야 하는 외국에서의 생활과 사역만큼 절박하다고는 생각되지 않습니다. 여태까지의 생활과 사역 내용을 절반으로 줄여야 한다는 계산입니다. 얼마 전에는 전 세계에 파송되어 있는 5천여 명의 선교사들이 귀국하지 않을 수 없으리라는 신문 기사를 보고 '그렇게까지야!'라고 생각했습니다만, 이곳 선교지에 와서 보고 느끼게 되는 것은 그것이 점점 현실로 다가서고 있다는 사실입니다.

그러나 하나님께서는 IMF의 철저한 통제라는 그 한 가지 이유만으로 선교의 문을 닫게 하지는 않으시리라는 생각입니다. 확실한 비전을 가지고 "내게 능력 주시는 자 안에서 내가 모든 것을 할 수 있느니라(빌립보서 4, 13)."라는 말씀과 같이 믿고 행하면 구원받는 자가 날로 증가하고, 하나님 나라도 날로 확장될 것을 확신합니다.

따라서 아래와 같은 사역을 위하여 계속하여 기도하여 주시기를 부탁드립니다.

첫째, 미얀마 디딤신학대학 교사 건축을 위하여.

둘째, 마닐라 근교 사빵 빨라이교회 건축을 위하여.

셋째, 폴라교회의 유치원 개설을 위하여.

넷째, 소그룹 목회자 바이블 스터디의 계속적인 사역을 위하여.

다섯째, 제4회 인터내셔널 목회자 세미나를 위하여.

여섯째, 마닐라 생명의 전화를 위하여.

일곱째, 몽골과 러시아 선교를 위하여.

여덟째, 백삼진 선교사에게 능력 주심과 건강을 위하여.

감사합니다. 다시 뵈올 때까지 안녕히 계십시오.

추신: 여기 동봉하여 보내드리는 사진은 제3회 인터내셔널 목회자 세미나(1997년 12월 3일~5일)의 수료식을 마닐라 미션 하우스에서 1998년 1월 10일에 거행한 사진입니다. 세미나에는 90명이 참석하였고, 수료식은 60명이 참석하였습니다.

1998년 1월 17일
마닐라에서 미드타운에서, 백삼진 선교사 드림

IMF 극복을 위하여

† 예일교회 강경원 목사님 귀하

하나님의 크신 은혜와 축복이 섬기시는 교회와 가정 위에 항상 같이하시기를 기도드립니다. 저는 하나님의 축복과 목사님의 적극적인 후원으로 1998년도 사역을 무사히 마치게 되었습니다. 그러나 금년도는 참으로 어려운 한 해였습니다. 이는 어찌 저 한 사람의 경우가 되겠습니까만, IMF 한파로 모든 선교 전선이 꽁꽁 얼이 붙었던 것만은 틀림없는 사실입니다.

이곳 필리핀도 어려움을 당한 많은 선교사가 선교지를 떠난 지 오래이며, 우리 교단만 해도 이런저런 사정으로 선교를 포기하고 귀국하신 선교사가 몇 분 있으므로, 이 모든 일이 여간 가슴 아픈 일이 아닙니다. 그러나 그런 어려운 가운데서도 열심을 내어 기도하면서 선교에 박차를 가하고 있는, 보다 더 많은 선교사가 있으므로 위로를 받게 됩니다. 오히려 이번 경우를 통하여 효율적인 선교 사역과 선교사 재배치라는 점에서 또 다른 하나님의 섭리를 발견하게 됩니다.

제 경우도 원룸으로 집을 옮기고 가재도구와 자동차를 팔고 하였습니다. 그리하여 자구책을 세우기는 하였지만, 그런 과정 속에서 여간 가슴이 아픈 것이 아니었습니다. 그러나 지금은 나름대로 안정이 되었습니다. 그리하여 새해에는 그 전과는 또 다른 차원의 사역이 저를 기다리고 있음을 믿어 의심치 않습니다. 따라서 1999년을 맞는 저의 결심은 IMF 교훈을 거울삼아 가급적 현지 원주민 목회자와의 협력을 통하여 보다 효율적인 사역을 하도록 노력하겠습니다.

다음을 위하여 기도해 주시기를 요청드립니다.

1999년도 사역 계획 중 첫째로는, 공동체 교회를 건축하는 일입니다. 공동체 교회란 저의 구상입니다만, 그러한 교회를 건축할 장소는 마닐라 근교인 깔로오칸(Caloocan) 시의 까마린(Camarin)입니다. 현재 까마린 가든교회(Camarin Gaden Church)가 터를 잡고 있으며, 5가구가 모여 예배를 드리고 있습니다. 대지는 1,800스퀘어 미터(540평)인데, 이곳에 목회자들이 공동으로 기거하면서 예배·교육·선교 등, 목회 협력 중심으로 모든 것이 유기적으로 진행될 수 있도록 할 계획입니다.

둘째로는 몽골 선교를 구체화하는 일입니다.
빠르면 12월 말경이나 늦으면 1999년 2월경에, 제1차 몽골 선교 탐사를 다녀올 예정입니다. 이때는 겨울철이라 평균 기온이 영하 30도

이며, 혹한이 몰아치는 날이면 영하 50도까지 내려간다고 합니다. 그 추위를 어떻게 담당할 것인지 두렵기까지 합니다. 특수 제작된 털신과 털옷이 아니면 도저히 감당할 수 없는 추위라고 합니다. 심지어는 털모자를 쓰지 않고 다니다가 머리가 얼어붙어 뇌 손상을 입는 경우도 있다고 합니다. 성령의 불꽃이 몽골 전역을 하루 속히 녹일 수 있도록 기도하여 주시기 진심으로 부탁드립니다.

때는 바야흐로 성탄의 계절입니다. 성탄을 축하드리오며, 1999년 새해에는 하나님의 은혜가 우리 모두에게 더욱 풍성하게 되시기를 위하여 기도드립니다. 감사합니다.

동봉한 사진은 지난 12월 5일, 성탄축하 예배를 겸한 '마닐라 미션 하우스 제1회 학술 세미나' 기념사진입니다.

1998년 12월 8일
마닐라 미드타운에서, 백삼진 선교사 드립니다

제3장

공동체

그는 시냇가에 심은 나무가

철을 따라 열매를 맺으며

그 잎사귀가 마르지 아니함 같으니

그가 하는 모든 일이 다 형통하리로다. 시편 1:3

공동체 사역을 위한 구상

† 수원 성산교회 이사국 목사님 귀하

하나님의 크신 은혜와 축복이 귀 가정과 섬기시는 교회 위에 항상 같이하시기를 기원합니다. 저는 목사님께서 항상 기도해 주시고 후원해 주시는 가운데 필리핀 선교, 특히 미전도 종족인 망얀족(Mangyan Tribe)을 섬기는 데 최선을 다하고 있습니다.

지난 한 해 동안은 예기치 않은 IMF의 한파로 기도가 얼어붙고 후원까지 얼어붙은 듯하였으나 지금은 모든 것이 차츰 제자리로 돌아오고 있는 느낌이라 감사하지 않을 수 없습니다. 저 자신도 경비 절감을 위해 원룸으로 집을 옮기고 선교 차량을 처분하는 등, 여러 가지 어려움이 있었으나 지금 생각하면 이런 역경을 통해 사명감이 더 투철해지고, 사역도 오히려 효율적으로 활성화된 감이 없지 않습니다. 제가 이렇게 다시 자신감을 되찾은 것은, 첫째는 하나님께 감사할 일이요, 그다음은 이런 가운데서나마 저를 믿으시고 끝까지 기도와 후원으로 밀어주신 목사님의 은덕이 아닐 수 없습니다. 진심으로 감사합니다.

저는 요즈음, 지난번 선교 편지에서도 보고드린 바와 같이, 공동체 사역에 헌신하고자 마닐라 근교인 깔로오칸(Caloocan) 시티의 까마린(Camarine)이라는 마을에 사역지를 정하고, 까마린교회(Camarin Garden Church)를 건축하고 있습니다. 전체 땅 면적은 1,800스퀘어미터이며, 교회는 30평 정도로, 이곳에 애초에 지붕만 있는 가건물 교회가 있었으나 터를 넓혀서 하드 부록으로 벽을 쌓고, 현재는 지붕을 덮기 위해 기도하고 있는 중입니다. 그러니 바닥과 지붕은 3분의 2 정도만 있는 셈이라 비가 오면 위로 새고 옆으로 새고 하여 예배당 바닥에 빗물이 흥건히 고이는 형편이지만, 새로 교회를 세운다는 감격에 모두가 흥분되어 있는 실정입니다.

그리하여 지난 4월 24일에는 신축 중인 까마린교회에서 오랫동안 협력해 온 브랭딩기(Ptr. Prendengue) 목사님의 성역 45주년을 기념하는 축하 예배가 있었으며, 아울러 파키토(Paguito) 전도사 등 4명의 목사 안수식이 같은 장소에서 거행되어 안수위원 등, 같이 참석한 축하객들에게 깊은 인상을 심어주었습니다.

이 까마린교회에 대한 주변 주민들의 기대도 적지는 않습니다. 왜냐하면, 6월부터는 이곳에 무료 유치원을 개설하고 학생들을 모집할 예정이기 때문입니다. 목사님도 아시다시피 유치원은 유치원 운영만을 위해서 있는 것은 아닙니다. 유치원 개설로 인하여 선교사나 담임목사가 자연스럽게 가정을 방문하고 복음을 전할 수 있으며, 권고하여 학부모를 교회로 인도할 수 있기 때문입니다.

그리고 교회가 완공되면 주변 공터에는 교육관을 겸한 공동체 사택을 건축하려고 합니다. 그곳에 무주택 교역자를 공동 거주케 함으로써 자나 깨나 먹으나 교역자들이 생활을 같이하면서 자국 선교와 협력 선교로 재물도 같이 나누는 초대교회 공동체와 같은 공동체 사역을 시작하려는 것입니다. 위하여 기도해 주시고, 필리핀에서 처음 시도되는 교역자 공동체 사역 선교가 꼭 성공할 수 있도록 계속하여 후원해 주시기를 부탁드립니다.

"믿는 사람들이 다 함께 있어 모든 물건을 서로 통용하고 또 재산과 소유를 팔아 각 사람의 필요를 따라 나눠 주고 날마다 마음을 같이하여 성전에 모이기를 힘쓰고 집에서 떡을 떼며 기쁨과 순전한 마음으로 음식을 먹고 하나님을 찬미하며 또 온 백성에게 칭송을 받으니 주께서 구원받는 사람을 날마다 더하게 하시니라(행 2:44-47)." 아멘!

아래와 같이 기도해 주시기를 부탁드립니다.

1) 까마린교회와 까마린 공동체 교육관이 은혜 중에 완공되고, 공동체 사역이 필리핀 선교에 또 다른 모범이 되도록 위하여 기도하여 주십시오.
2) 6월 중에 개교할 까마린유치원의 개설과 학생 모집이 원활하게 이루어져서 까마린교회 초석이 되도록 위하여 기도하여 주시기 바랍니다.

3) 민도로섬 폴라교회와 쁘띵까까오교회에서 협력하고 있던 까모스 (Ptr. Wency V. Camus) 목사가 쁘띵까까오교회에서 조금 떨어진 밤바닌(Bambanin) 밀림 속에 밤바닌교회를 개척하고 새 성전 건축을 위해서 기도하며 협력해 주기를 원하는 기도편지를 보내 왔습니다. 위하여 기도하여 주시기 바랍니다.

4) 모든 사역을 잘 감당할 수 있도록 저의 건강과 가정을 위해 기도 해 주시기 바랍니다.

5) 필리핀에서 4년 반 동안 저의 사역을 돕던 작은 선교사인 둘째 딸(최아란)이 오는 6월 19일 사랑의 교회에서 옥환흠 목사님 주 례로 결혼하게 됩니다. 결혼 준비와 결혼식이 은중에 마칠 수 있 도록 기도하여 주십시오.

이 선교 편지는 저의 둘째 딸 결혼식을 앞두고 준비차 잠시 귀국 하였다가 보내드리는 것이오니 빠른 선교지 복귀를 위해서도 기 도해 주시기 바랍니다.

1999년 5월 10일
백삼진 선교사 드림

첫 번째 사역자, 사미 목사의 소천

† 예광교회 이창식 목사님 귀하

하나님의 크신 은혜와 축복이 섬기시는 교회와 가정 위에 항상 같이하시기를 기도드립니다. 저는 여전히 선교 전선에서 최선을 다하고 있사오나 1월 초부터 뜻하지 않은 일을 당하여 어려움을 겪고 있기에 위로도 받을 겸 기도 요청도 드릴 겸 또 편지를 띄웁니다.

어려움의 내용은 다름 아니오라, 작년부터 공동체 사역과 선교센터를 목적으로 건축 중이던 까마린교회의 담임이신 사미(Ptr. Samuel Camala) 목사님(37세)이 지난 1월 13일에 갑자기 하나님의 부르심을 받고 소천하신 사건입니다. 사인은 과로라고 합니다. 허약체질인 데다 지난해 12월 초순에 있은 쁘띵까까오 밀림교회 방문에 동행했다가 얻은 병이 원인이 되었고, 교회 건축으로 인한 과로가 겹쳤던 것이라고 합니다.

지난 1월 15일에 그간같이 사역하던 브랭딩기, 파키토 등 20여 명의 목회자가 모여서 영결 예배를 드렸습니다. 그 후 시신은 그의 고향인 까비테(Cavite)로 옮겼고, 1월 20일에는 고향 친지들이 모인 가운데서 매장해야 하는 어려움을 겪었습니다. 교회 건축은 90% 이상 진전되었고, 바이블 스터디, 유치원 개설 등 앞으로 진행할 일이 임박한 시점에 담임 목회자가 갑자기 소천하니 너무나 황당하였습니다. 슬픔을 당한 가정과 교회를 위해 기도해 주시되 다음과 같이 기도하여 주시기를 부탁드립니다.

1) 까마린교회의 마지막 10% 공정의 마무리가 잘되도록.
2) 사미 목사님의 유족(유족에는 사모 수잔나와 4자녀가 있음)이 교회를 지키면서 믿음 안에서 승리할 수 있도록.
3) 까마린교회의 성장과 후임 목회자 선정이 은혜 중에 잘되도록.
4) 바이블 스터디와 유치원 개설 계획이 원활하게 진행되도록.
5) 그리고 해변 교회인 폴라교회와 밀림교회인 쁘띵까까오교회가 금년에도 은혜 중에 튼튼히 서 가도록.
6) 부족한 저의 건강과 가정을 위해서도 기도하여 주시기를 부탁드립니다.

"내게 능력 주시는 자 안에서 내가 모든 것을 할 수 있느니라(빌립보서 4:13)." 아멘!

2000년 1월 22일
필리핀 마닐라에서, 백삼진 선교사 드림

마닐라 베이를 지나면서

† 안양대학교 최정인 목사에게

참으로 오랜만에 로하스 볼리바드(Roxas Blvd)를 지납니다. 이민국에 비자 연장한 것을 찾으러 가는 길입니다. 바닷가에 면한 이 길은 언제나 아름답습니다. 날씨가 흐리면 흐린 대로, 밝으면 밝은 대로 한 폭의 그림을 연장케 합니다. 제일 최고의 장면은 석양이 바다를 물들이고 있는 그러한 때입니다. 그러나 수정이와 아란이가 유학을 마치고 한국으로 돌아간 뒤에는 더불어서 같이 걸어갈 사람이 없기에 한 번도 걷지 않은 그러한 길이기도 합니다.

그러면 이 길을 잠깐 구경시켜 드려볼까요?

마닐라만을 따라 남북으로 뻗은 로하스 볼리바드는 1898년 마닐라에서 스페인에 붙잡힌 미군 제독 Georgy Dewey의 성을 따서 Dewey Boulevard로 부른 것이 시발이라고 합니다. 이 대로(大路)는 풍광이 빼어나기 때문이기도 하지만, 미국 대사관, 콘도미니엄, 필리핀 해군청, 마닐라 요트클럽, 중앙은행, 문화센터, 박물관, 전시장, 성당, 여행사, 유명 호텔과 레스토랑이 즐비하게 들어서 있어서 누구나 마닐라에 오면 한 번은 꼭 찾아와서 걸어보는 그러한 길이기도 하답니다.

외로움 때문일까요? 혼자서 이 길을 가려고 하니 쓸데없이 서글퍼지는 마음입니다. 아빠가 적극적으로 추천해서 나온 길이기는 하지만, 그리하여 어린 자녀를 떼어놓고 선교사로 파송되어 나오기는 하였지만, 혼자라는 것이 어떤 때는 홀가분하기도 하지만, 밤이 되면 극한 외로움을 가져다주는 것이 사실입니다. 그럴 때마다 그리워지는 아빠의 모습입니다.

언제나 내 옆에 계셔주시는 당신이었기에 주님 다음으로 의지합니다. 언제나 어린애 같은 은주(나)에게 타일러 주며 더 높은 이상을 일깨워 주는 당신이었기에 내가 '아빠! 아빠!' 하고 철없이 부르기는 하지만, 나의 길을 올바로 잡아주는 선생님이나 다름없는 아빠의 모습이기도 하답니다.

가끔은 당신의 계획이 무겁다고 느껴질 때도 있습니다. 부담스럽고 회피하고 싶을 때도 있지만 그것은 잠깐이고 더 높은 곳을 향하여 달려가는 우리들의 생각과 마음은 그것을 실천하고 있음을 항상 느낍니다. 헤어지고 만나고 숱한 외로움과 기쁨을 나누면서 우리는 주님의 계획을 이루어가고 있다고 확신합니다.

미약한 우리지만, 물질도 부족하지만, 우리의 전체를 드려서 하나님의 세계를 이루어 갈 때 주님께서도 기뻐하시리라 믿습니다. 세계를 향한 우리들의 열정이 더욱 가열차질수록, 우리의 자녀들도 그들의 자리에서 하나님께 더욱 영광을 돌리는 자녀들이 되리라고 믿는 바입니다.

이별의 아쉬움을 남기고 공항을 떠난 지도 35일이 되었습니다. 이틀이 머지않게 도착하는 당신이 보내주시는 기도 편지는 때로 나를 울리기도 하지만, 나에게 큰 위로와 힘이 되고 있음을 말씀드립니다. 편지의 내용은 언제나 사역에의 의지, 열정을 불태우게 합니다.

당신과 결혼한 지 35여 성상을 지나면서 나의 믿음의 온도계가 어느 정도인지 가끔 의문 날 때가 있었는데, 지난 11일 밤에 큰 지진이 났었습니다. 빌딩이 흔들리고 나는 침대에서 굴러서 떨어졌고…. 그때 침대를 붙잡고 기도하고 있는 나를 발견하면서, '나의 믿음이 결코 작은 것은 아니었구나! 이제는 선교 사역도 충실히 이행할 수 있겠구나!' 하면서 평안함과 함께 허리를 펴고 일어났던 기억입니다.

아빠! 언제 만날 것인지, 그 만나는 시간을 위해서 현재의 나를 더 열심히 만들어 갈 것입니다. 첫 번째로 건축하고 있는 까마린 (Camarin) 교회는 벽과 지붕은 거의 다 완성되었고, 이제 내외부를 시멘트로 바르고 문짝을 달고 맞추면 끝나는데 나머지 공사도 돈이 꽤 들 것 같습니다.

이 교회 담임이신 사미(Ptr. Samuel Camala) 목사님이 병원에 입원해 있어서 약값은 드렸는데, 병원비가 모자랄 것 같아서 기도하고 있습니다. 내가 쓰는 생활비를 주더라도 더 도와주어야 할 것 같습니다. 목회자가 약해서 걱정입니다. 그러나 "나에게 이르시기를 내 은혜가 네게 족하도다. 이는 내 능력이 약한 데서 온전하여짐이라 하신지라(고후 12:9~10)."의 말씀과 같이, 하나님의 크신 은혜가 나와 사미 목사님에게 임하게 될 것을 굳게 믿는 바입니다. 할렐루야!

2000년 1월 11일 마닐라에서
당신의 사랑하는 아내 백삼진 드립니다

성전 건축 1호, 까마린교회

✝ 정원교회 임예재 목사님에게

하나님의 크신 은혜와 축복이 섬기시는 교회와 가정 위에 항상 같이하시기를 기원드립니다. 저희들이 사역하고 있는 이곳 선교 현장은 지금 화합과 협력 속에서 그전에는 볼 수 없었던 활력이 넘쳐나고 있음을 보고드립니다. 왜냐하면, 필리핀 선교 10년을 부부가 헤어져서 사역할 수밖에 없었던 그간의 상황이 변하여 지금은 은혜 중에 부부가 같이 모이게 되고, 어디를 가든지, 무슨 일이든지 부부가 하나 되어 사역하므로 선교 사역과 비전들이 새롭게 약동하고 있음을 순간순간 실감할 수 있기 때문입니다.

형편상 제가 먼저 선교사로 나왔고, 남편 되는 최 목사는 모교에서 직장생활을 하면서 기도와 물질로 저를 도왔습니다. 그것이 10년이나 되었던 것입니다. 그런데 지금은 최 목사가 학교를 은퇴하고 선교사로 파송을 받고 여기까지 와서 동역자가 되었던 것입니다. 먼저 하나님께 감사드리고 그간 반쪽이었던 저희를 믿고 꾸준히 기도해 주시고 물질

로 후원해 주신 임예재 목사님, 그리고 해외선교부 여러 목사님에게
진심으로 감사드립니다.

지난 5월 16일에는 까마린(Camarin) 교회의 입당 예배를 성황리에
드렸습니다. 한국에서 헌당을 축하해 주려고 목사님들이 많이 오셨
음은 물론, 이곳 현지 성도들과 목사님들이 많이 오셔서 영광을 하나
님께 돌렸습니다. 예배는 황수원 목사님(대신교회)의 설교에 이어 김명
규 목사님(은평교회)과 배일한 목사님(평안교회)이 각각 축사하심으로
은혜 중에 마칠 수 있었습니다. 그리고 16~17일에는 제5회 인터내셔
널 필리핀 목회자 세미나를 개최하였는데, 김해원 목사님(주님의교회)
의 영어원강 주제 강연과 17일에는 김명규 목사님(신약신학), 김희경
목사님(은사론)이 각각 강의를 담당해 주셨습니다.

기억하실지 모르지만, 이 교회는 임 목사님이 건축한 교회나 다름
없는 교회입니다. 제가 이 교회 건축을 위하여 자료를 가지고 목사님
께 가서 의론을 드릴 때 300만 원을 주면서 기도하여 주셨고, 그 후
에 건축비가 부족하다고 하니까 또 100만 원을 주셨습니다. 그렇게
해서 이룩한 까마린교회입니다. 우연히도 이 교회 이름이 'Garden
of Praise Church'라고 해서 목사님이 더 기뻐해 주셨던 기억입니다.
이 교회를 까마린교회라 함은 누구나 알기 쉽게 지역 이름을 따라서
그렇게 부르고 있는 이름입니다.

저희는 이 교회를 하나님 앞에 입당하므로 앞으로 있을 부족 선교, 즉 미전도 족속인 망얀부족(Manyang Tribe) 선교를 이 교회를 중심으로 전개하고자 합니다. 마닐라 근교에 있는 이 교회는 현재 30여 명의 교인이 출석하고 있으며, 특히 타 교회에 비해 Paquito Tagyam, Benjamin Ablong, Jonathan Calonia, Teofilo Ablong, Nenancio Esturas, Dionisio Prendingue 등, 여러 목회자가 공동으로 사역하고 있어서 인적 자원이 매우 풍부합니다. 문제는 이 목회자들을 어떻게 잘 협력하여 교회를 성장시키고 선교에 박차를 가하느냐 하는 것입니다.

이번에 입당한 까마린교회가 하나님께 크게 쓰임 받고, 필리핀 선교의 중심이 되도록 다음과 같이 기도해 주시기를 부탁드립니다.

첫째, 까마린교회가 앞으로 더욱 성장 발전하여 인근 지역을 복음화하는 것은 물론, 미전도 종족인 망얀부족 선교의 중심이 되고, 유치원 개설(6월 중순)과 함께 매주 바이블 스터디가 영육 간에 생명수를 공급하는 역동적인 교회가 되도록 위하여 기도해 주십시오.

둘째, 남부 지역 망얀부족 선교를 위해 민도로섬 산 안토니오(San Antonio)에 개척한 마루보(Marubo) 교회가 속히 성전을 건축하고 자립하여 남부 미전도 종족 선교의 전진기지가 되도록 위하여 기도해 주십시오.

셋째, 저희들이 같이 협력하고 사역하고 있는 까마린교회의 부랭디기(Ptr. Prendingue) 목사님 등 6명의 목회자를 위하여, 쁘띵까까오(Puting Cacao) 교회의 가웬(Ptr. Gawain) 목사님과 폴라(Pola) 교회를 돌보고 있는 악살란(Ptr. Axalan) 목사님 등의 영력 충만을 위하여 기도해 주시고, 저를 위해서는 선교 현장에서 매일매일 승리하는 생활을 할 수 있도록 위하여 기도하여 주십시오.

넷째, 10년 동안 같이 사역한 파키토 다기암(Ptr. Paguito Taduiam) 목사가 마닐라 중심인 라스피냐스(Laspiñias)에 500 Sqm의 부지를 확보하고 성전 건축을 위하여 기도하고 있사오니, 성전 건축이 이루어질 수 있도록 물질의 후원과 기도를 부탁드립니다.

다섯째, 이번에 새로 임직을 받고 선교사로 파송된 남편 되는 최정인 목사가 선교 일선에서 최선을 다할 수 있도록 건강과 능력 주심을 위하여 기도해 주시고, 부족하지만 10년 동안 고군분투 온 저 백삼진 선교사의 타갈로그어 숙달과 비사야 언어 습득을 위하여 기도하여 주시기를 부탁드립니다.

여섯째, 기도의 후원과 물질의 후원과 선교지 확장을 위하여 기도하여 주시기를 부탁드립니다. 감사합니다.

2000년 5월 26일
필리핀 사역지에서, 백삼진 선교사 드림

중국 선교에 대한 정탐입니다

† 안양대학교 총장 김영실 장로님 귀하

아랫글은 최정인 선교사가 안양대학교 김영실 총장에게 보낸 선교 편지입니다.

하나님의 크신 은혜와 축복이 섬기시는 대학교와 교회 위에 항상 같이하시기를 기도드립니다. 저는 주님 은총 중 편안하옵고, 총장님의 각별하신 관심과 기도로 목사가 된 후 임지에 파송되어 아래와 같이 선교 사역을 감당해 가고 있음을 보고드립니다.

그간은 저의 내자인 백삼진 선교사가 1991년 이래 오늘날까지 10여 년간 혼자 사역을 감당해 왔으나 지난 4월에 제가 선교사로 이곳에 파송되어 부부가 합류하므로 선교 현장은 더 활기차고 있으며, 저희의 선교에 대한 열정은 날로 뜨겁기만 합니다. 그리하여 요즈음은 필리핀 목회자들의 우리에게 거는 기대가 그 전보다 너무나 커서 오히려 부담이 될 지경입니다.

현재 섬기고 있는 교회는 4개 교회(폴라교회, 쁘띵까까오교회, 까마린 가든교회, 마루보교회)이며, 주력하고 있는 사역은 밀림 속의 미개한 종족인 망얀부족(Mangyan)을 복음화하는 일입니다. 그리고 첫 번째로 건축한 까마린 가든교회의 입당 예배를 지난 5월 16일에 드렸습니다만, 앞으로 헌당 예배를 드리는 일과 그 외, 망얀부족 선교를 위해 임시로 예배 처소들 마련한 산 안토니오(San Antonio)의 마루보 지역에 교회를 건축해야 하는 일과 재필 중국인 선교를 위해 마닐라 중심 라스피냐스(Laspiñas) 지역에 교회를 설립해야 하는 입장이 되어서 이를 약속하고 기도하고 있는 중입니다.

그리고 한 가지 특별히 보고드려야 할 사항은 지난 8월 초순에 중국에 선교 정탐을 다녀온 사실입니다. 기간은 8월 4일부터 11일까지 7박 8일 동안이었고, 정탐 지역은 천진(天津, Tenjin)의 탕구(塘沽, Tanggu) 지역이었습니다. 방문하게 된 동기는 그곳에서 수산업을 하고 있는 P 집사님 내외분의 초청을 받았기 때문인데, 목적은 그곳에 한인 교회를 설립하기 위한 것이었습니다. 결과는 천진에 한인 교회를 설립하는 것이 가능성이 있는 곳으로 판단되었습니다.

천진은 중국에서 북경, 상해 다음으로 큰 도시로 인구 9백만 명의 직할시입니다. 면적은 거의 경기도만 하여 시내를 오가는 데도 고속도로를 이용하고 있었습니다. 그곳의 선교 현실은 현재 세 곳에 한인 교회가 설립되어 있었고, 조선족 교회도 10여 곳이 있어서 외견상으로는 신앙생활에 별 어려움이 없는 것 같았습니다. 그곳은 삼성, 현대 등 대기업을 비롯하여 1,000여 개의 기업이 상륙해 있어 한·중 교역의 중심이 되어있었을 뿐만 아니라 세계 무역의 중심으로 향후 중국의 경제적 거점이 되리라는 확신입니다.

그 증거로는 돌아본 지역 중 개발구(開發區)가 있었는데, 여의도 면적의 20에서 30배는 될 광대한 택지에 가로세로 뚫린 도로가 한없는 가능성을 내비치고 있었습니다. 개발구나 탕구 지역은, 이곳도 천진 시내이나 여기서부터 천진 시내까지는 승용차로 1시간 30분이 걸리는 거리입니다.

00교회의 C 목사님을 찾아뵈었더니, 탕구에서 시내로 출석하고 있는 교인이 일곱 가정인데 지역적으로 멀리 떨어져서 출석에 어려움을 겪고 있을 뿐만 아니라 많은 교인이 신앙생활을 포기하고 있는 실정이라고 합니다. 이 때문에 이곳에 교회가 설립되면 기존 한인 교회들이 협력해야 한다는 인식을 같이하고 있었으며, 전적으로 후원할 것을 자청하고 있었습니다.

그런데 한인 교회를 설립하는 목적은 한인들의 신앙생활을 돕기 위한 것만은 아닙니다. 법적으로 금지되어 있고 발각되면 벌금을 물고 추방당하지만, 조선족 선교와 탈북자 선교에 중점을 두어야 함은 물론입니다.

P 집사님이 보호하고 있는 탈북청년을 만나보았는데 신앙생활에 열

심이었고, 신학교에 가서 목사가 되는 것이 평생 소원이라고 해서 같이 울면서 기도하고 격려하였습니다. 그런 사람들이 너무나 많은데 놀랐습니다. 조선족 교회는 누구나 참석할 수 있으나 외국인 목사가 설교할 수 없고, 한인 교회는 한인끼리 모여 예배드림이 허락되어 있으나 중국인이나 조선족이 참석하여 같이 예배드릴 수 없었습니다.

이런 선교 현장을 둘러본 저는 어려운 여건하에서 사역하고 있는 그곳 선교사들에게 진심으로 위로의 말씀을 드리지 않을 수 없었습니다. 이에 비하면 필리핀 선교는 얼마나 자유로운지 모릅니다. 마음대로 모여서 찬송 부르고, 외치고, 선교할 수 있으니 그분들에 비해서 백 배, 천 배의 일을 더 해야 하리라는 각오를 하고 돌아왔습니다.

그리하여 허락이 된다면 중국에 건너가 한인 교회를 설립하고 조선족 선교와 탈북자 선교에 매진할 것을 다짐하게 되는 것입니다. 그래서 한인 교회를 설립하기 위한 총경비를 산출해 보았더니 별지 항목과 같게 되었습니다. 여기서 교회 설립에 필요한 우선 지출 항목은 집회 장소와 거주지 예약금이 되겠습니다.

경애하는 김 총장님! 그리고 김 장로님! 제가 안양대학교에서 비서실장으로 있으면서 총장님을 보좌한 기간이 10년입니다. 1991년 3월부터 2000년 3월까지였습니다. 그동안 대학행정에 대한 현안들을 목격하면서 배운 것도 많았지만, 장로님의 처신이 한 번도 어긋남이 없어서 신앙·신학적인 깨우침도 적지 않았음을 기억합니다.

애초에 저의 은퇴는 1999년 6월이었으나 총장님이 더 일해 줄 것을 요청하셨고, 그리해서 8개월을 더 근무하게 된 어느 날이었습니다. 총장님이 저를 불러서 "강도사님, 내가 더 강도사님을 붙잡을 수 없네요. 이제 놓아줄 터이니 목사 안수도 받고 필리핀에 가서 사모님과 같이 선교사로 열심히 일을 하세요!"라고 하시면서 저를 격려해 주셨던 것입니다. 그 알뜰하게 챙겨주신 귀한 말씀을 수시로 기억합니다. 그리하여 저는 2000년 4월에 선교사로 파송 받았고, 우리 부부가 다시 모여서 선교사로 일을 하게 된 것은 전적으로 총장님이 밀어주신 덕이 아닌가 합니다.

총장님 감사합니다.

일사각오로 열심히 지성껏 선교 사역을 감당하겠습니다. 그리고 앞으로 감당해야 할 사역은 아래와 같사오니 위하여 기도해 주시기를 부탁드립니다.

1) 까마린 가든교회가 잔여 공사를 마치고 금년 중에 헌당 예배를 드릴 수 있도록 기도해 주시기를 부탁드립니다.
2) 까마린 가든교회의 유치원이 은혜 가운데 성장하고, 이를 통하여 유치원생 가족들이 예수 믿고 구원받는 역사가 일어나도록 기도해 주십시오.
3) 미전도 종족인 망얀부족(Mangyan Tribe)족 선교를 위한 전초 기지로 마루보(Marubo) 지역에 교회를 건축할 수 있도록 기도

해 주십시오.

4) 필리핀 거주 중국인 선교를 위해 라스피냐스(Laspiñas) 지역에 협력할 수 있는 교회를 설립할 수 있도록 기도해 주십시오.

5) 5년 전(1996)에 건축한 민도로(Mindoro) 폴라교회의 지붕이 비가 오면 새고 있습니다. 지붕을 개수할 수 있도록 기도해 주십시오.

6) 중국 천진의 탕구 지역에 한인교회를 설립할 수 있도록 위하여 기도해 주시고, 이를 통해 한인, 조선족, 탈북자들에게 복음이 전파되고 구원받는 역사가 일어나도록 기도해 주십시오.

7) 부족한 저와 내자인 백 선교사에게 건강과 능력 주심을 위하여 기도해 주시고, 선교에 대한 확신과 열정 주셔서 매일 매일 승리하는 생활을 할 수 있도록 기도해 주시기를 부탁드립니다.

주후 2000년 9월 26일
필리핀 마닐라 빌라누엘 콘도 504호에서,
최정인 선교사 드림

성전 건축과 중국인 선교

† 대한예수교장로회 대신총회 해외선교부 귀중

할렐루야! 하나님의 크신 은혜와 축복이 섬기시는 교회
와 가정, 그리고 해외선교부 위에 항상 같이하시기를 기원드립니다.
저희는 주님 은총 중 평안하옵고, 오늘도 건강 주시고 물질 주셔서
맡겨진 사역에 최선을 다하게 하신 하나님께 감사드립니다.

특히 감사한 것은, 지난봄에 입당 예배를 드린 바 있는 까마린
(Camarin) 가든교회의 준공 감사예배를 지난 10월 26일에 축복 속
에 드린 사실입니다. 이날은 필리핀 목회자들과 한국에서 오신 대신
해외선교부 목사님들과 주비단체협의회 대신측 선교사님들이 다수
참석하여 큰 은혜가 되었습니다.

2년여에 걸친 건축 공사가 이렇게 하여 은혜 중에 끝나게 됨을 하
나님께 감사드리며, 섭섭한 것은 당연히 이 자리에 있어 기쁨을 같이
나눴어야 할 담임목사이신 사미(Samuel Camala) 목사님이 건축 중

에 과로로 소천하였기 때문입니다. 다만 부교역자로 사미 목사님과 동역하던 벤지(Benjie Ablong) 전도사님이 그의 유지를 받들어 교회를 크게 부흥시키고, 생명선(生命船)으로서의 역할을 다할 수 있도록 최선을 다해 줄 것을 위하여 기도할 뿐인 것입니다.

저희는 이번 교회 건축을 통하여 하나님이 어떻게 사역자들을 충전시켜 주시고 필요에 따라 은혜 주심에 대하여 얼마나 많은 기적을 체험케 했는지 모릅니다. 그리고 헌당 예배를 통하여도 목회자들 간의 협력과 전진이라는 하나님의 큰 뜻을 읽을 수 있었고, 보다 효율적인 선교는 정보의 공유와 화합이라는 사실도 깨닫게 되었습니다.

그간 각별하신 관심과 기도로 격려를 아끼지 않고 있는 해외선교부 목사님들께 진심으로 감사드립니다. 잔여 공사의 마무리와 먼 길도 마다치 않고 찾아오셔서 준공 예배를 성사시켜 주신 임예재 목사님과 나성균 목사님, 그리고 최복규 목사님 여러분에게도 진심으로 감사드립니다. 이번 준공 감사예배를 주관해 주시고 전체 선교사의 화합을 위해 수고를 아끼지 않으신 주비단체협의회 대신선교부 조성일 회장 이하 여러 선교사님에게도 진심으로 감사드립니다.

저희는 이 일 후에, 그러니까 까마린 가든교회의 헌당을 마침과 동시에 다음 사역지를 라스피냐스(Laspiñas) 지역으로 확대하였고, 이어서 그 지역의 복음화를 위해 라스피냐스교회 건축을 또 시작하였습니다. 이 교회는 저희와 10여 년간 같이 사역하고 있는 파키토 (Paquito E. Tagyam) 목사님이 담임으로 있으나 필리핀 국적을 가진 중국인들의 교회인 케존시기독교회(計順市基督敎會, Quezon City Evangelical Church)의 관할이고, 교회 부지는 이미 확보되어 있는 상태입니다. 그러므로 이제 이 교회 건축을 위하여 기도의 요청과 물질의 후원을 여러 교회에 또 요청드리게 됩니다.

건축비는 1천만 원 정도 계상되었고, 케존시기독교회에서 50% 분담하기로 약속하였습니다. 저희는 가진 게 없으나 이 일 또한 하나님께서 역사하셔서 성취시켜 주실 것을 믿고 위하여 기도하는 것입니다. 그렇게 되면 좀 특이하기는 하겠지만 한국과 필리핀과 중국, 이렇게 세 나라 목회자들이 공동으로 사역하는 것이 되고, 대다수 부유층으로 구성되어 있는 화교 사회가 이로써 복음으로 변화되는 큰 역사가 있을 것을 확신하기에 2000년도 나머지와 2001년도 사역 계획을 라스피냐스 지역으로 잡은 것입니다. 그러하오니 이 일의 성취를 위하여 기도하여 주시기를 부탁드립니다.

계속 추진 사역 중의 하나인 미전도 종족 선교인 망얀(Mangyan Tribal) 부족 선교는 예정대로 잘 진행되고 있습니다. 미전도 종족의 복음화는 시간을 가지고 인내하면서 추진해야 하므로 속히 열매를 맺을 수 없습니다. 우선 열정이 식지 않도록 현지의 목회자들을 격려하고, 정보를 나누고, 기도와 물질의 후원을 통하여 항상 교통하는 것이 한 방법이고, 다음으로는 그들 망얀부족을 찾아가서 숙식을 같이하면서 친밀도를 높이고, 피차간 문화 적응을 통하여 신뢰를 구축하는 일이 필요합니다.

이미 7년 전부터 망얀족 선교를 위해 세워진 세 교회, 즉 쁘띵까까오(Puting CaCao) 교회, 폴라(Pola) 교회, 마루보(Marubo) 교회의 현지 목회자들을 통하여 저희는 이 일을 대신케 하고 있으나 부끄럽게도 게으르고 용기도 없어서 저희는 그 일을 한 번도 도모해 보지 못했습니다.

그러나 저희는 오는 11월 초순경 용기를 내어 망얀부족 거주지인 룸보이(Lumboy Mt.) 산악지대로 가서 우선 약 2주가량 거주할 계획을 세웠습니다. 그곳에서 같이 생활하면서 그들의 문화와 생활 습속을 체험하고, 가능하면 더 깊은 산 속으로 들어가서 거주 형태를 파악해 볼 계획을 세웠습니다. 반라(半裸)로 살면서 문명의 이기라고는 칼 하나밖에 없는 그들이기에 옷을 입혀주고, 신발도 신겨주는 등 여러 가지 문명의 혜택을 주고 싶지만, 자연과 동화하여 때 묻지 않게 살고 있는 그들만의 낙원을 침해하는 것 같아서 한편 걱정을 하면서 그래도 복음을 전해야 한다는 사명감에 결심을 다지고 있는 것입니다. 그러하오니 하나님의 보호하심과 건강과 용기와 능력 주심을 위하여 기도하여 주시기를 부탁드립니다.

그리고 지난번 선교 편지에서 보고드린 바 있는 중국 선교에 대한 마무리는 12월 중순경 중국 천진을 다시 방문하여 결정하려고 합니다. 천진의 한인 교회 목회자들과 성도들의 갈급한 요청을 받아들여 그곳에 꼭 한인 교회를 설립해야 하리라는 결심은 지금도 변함이 없습니다. 가급적이면 부부가 같이 행동하고 싶으나 어쩌면 필리핀과 중국으로 헤어져서 사역을 감당하게 될지도 모르겠습니다. 그런 상황이 되어도 그것이 하나님의 뜻이라면 우리 부부는 그것을 달게 받아들이려는 각오가 되어있습니다. 내가 가든지, 누구를 보내든지, 한인-조선족-탈북자 선교로 이어지는 중국 선교를 위해서 특별히 기도해 주시기를 부탁드립니다.

부족하지만 사역을 감당하게 하심에 하나님께 감사하옵고, 지금까지 생명 연장과 건강 주심을 하나님께 감사하옵고, 기도의 후원과 물질의 후원으로 끊임없이 독려하여 주심에 진심으로 감사드립니다.

2000년 10월 30일
필리핀 파사이에서, 백삼진 선교사 드림

크리스마스와 새해 축복의 선물

† 정원교회 임예재 목사님께

즐거운 성탄과 2001년도 새해의 축복과 행복이 하나님의 은총 중 항상 같이하시기를 기도드립니다.

보내주신 선물은 감사하게 잘 받았습니다. 책자와 볼펜과 라면 등 영육에 필요한 각종 물품을 보니 그 자상하심에 더욱 감사하지 않을 수 없었습니다. 지혜가 가득 담긴 책자는 성경과 함께 옆에 두고 읽겠으며, 볼펜으로는 각종 선교 현장을 스케치하여 보고드림에 최선을 다하겠습니다. 그리고 피곤하고 지치면 라면을 끓여 먹으면서….

그리고 2000년도는 저에게 있어서는 너무나 자랑스럽고 감격스러운 해였음을 목사님께 고백합니다. 첫째로는 남편 되는 최정인 목사가 오랜 기다림 끝에 기름 부음을 받아 하나님의 종이 되었고, 늦게나마 선교사로 파송되어 저와 동역할 수 있게 된 사실입니다. 둘째로는 2년여 끌어오던 까마린 정원교회(Camarine Garden Church)의 헌당을 목사님께서 주선하여 마무리한 사실입니다. 이에 새해를 맞이하려 함에 있어서 저희 가정은 물론, 현지 사역자들이 같이 기뻐하며 며칠 남지 않은 금년도 시간도 축제 속에서 보내려고 합니다. 하나님께와 임 목사님께 진심으로 감사드리고, 다가오는 2001년도는 더욱 최선을 다하겠습니다.

새해의 무궁한 축복이 섬기시는 가정과 교회, 그리고 기도원 위에 항상 같이하시기를 다시 한번 더 기도드리며 다시 뵈올 때까지 안녕히 계십시오. 감사합니다.

주후 2000년 12월 24일
크리스마스이브에 마닐라에서, 백삼진 선교사 드림

현지 교회와 목회자들을 위한 기도 요청

† 주님의교회 김해원 목사님에게

할렐루야! 오늘도 저희를 인도해 주시고, 보호·축복해 주시는 하나님을 찬양 드리오며 주님의 이름으로 문안드립니다.

저희는 잘 있습니다. 선교에 헌신 된 자로서 매양 부족한 것뿐이지만 "내게 능력 주시는 자 안에서 내가 모든 일을 할 수 있느니라(빌 4:13)." 라는 말씀에 의지하여 최선을 다하고자 노력하고 있습니다. 그러하오니 잘못된 점은 지적해 주시고, 부족한 점은 채워주시고 앞으로도 사역을 잘 감당할 수 있도록 계속하여 지도하여 주시기를 부탁드립니다.

1) 까마린 가든교회(전임 Ptr. Benjie Ablong)

2000년 5월의 입당 예배와 2000년 10월의 헌당 예배 후 '이것이 내 교회'라는 자긍심에 차있었으나 그것이 잘못된 생각임을 깨닫게 되었습니다. 그래서 2001년 3월에 교회 전임으로 있던 벤지(Ptr. Benji B. Ablong) 전도사와 그 형제들에게 교회 및 유치원 운영 등 모든 권한을 위임하였고, 저희는 사역지를 라스피냐스(Laspiñas) 지역으로 옮겼습니다. 가든교회는 현재 40여 명이 출석하고 있고, 목회자 4명이 협력하고 있는 자립형 교회입니다.

2) 라스피냐스교회(담임 Ptr. Paguito Tagyam)

라스피냐스교회(Pugad Lawin Christian Church)는 10여 년간 같이 사역해 온 파키토 목사가 개척한 교회입니다. 현재 10여 명이 출석하고 있으나 중산층 지역이므로 열심 전도하면 인근 지역 복음화의 가능성이 매우 큰 지역이요, 교회입니다. 현재 케손시중국인교회(計順市基督教會, Quezon City Evangelical Church) 선교부와 협력하고 있으며, 유치원 개설 문제와 교회 건축 문제를 협의하고 있습니다. 이들 사역을 측면 지원하기 위해 진행되는 급식 사역은 4월 14일부터 시작합니다.

3) 폴라교회(담임 Ptra. Edenia Avelino)

폴라교회(Sitio Banco Christian Church)는 민도로섬과 망얀족 선교의 거점입니다. 이미 이 교회를 통하여 쁘띵까까오교회와 마루보교회가 세워졌고, 또 룸보이마운틴(Lumboy Mt.)과 블랄라까오(Bulalacao) 지역에 기도처가 마련되었습니다. 따라서 이 교회는 저희 사역의 거점이요, 미전도 종족인 망얀족을 복음화하기 위한 선교센터이기도 합니다. 교회 건물이 낡고 척박한 땅에 지어졌지만, 안디옥교회와 같이 선교 열정으로 가득 차있는 교회입니다. 현재 30여 명이 출석하고 있는 자립형 교회입니다.

4) 쁘딩까까오교회(담임 Ptr. Gawain Boucaras)

쁘띵까까오교회(Puting CaCao Christian Church)는 초대교회와 같이 유무상통하는 교회입니다. 깊은 산속에 있으나 수시로 모여 찬송과 예배를 드리므로 항상 은혜가 넘치고 있습니다. 그러나 이 교회는 망얀족과 현지인이 결혼해서 자녀를 둔 Half Mangyan 인들이 섞여있어서 내부적으로 갈등이 많은 교회이기도 합니다. 많은 기도와 관심이 요청됩니다. 현재 30여 명이 출석하고 있으나 미자립 교회입니다.

5) 마루보교회(담임 Ptr. Mhynard F. Avelino)

마루보교회(Budget Marubo Church)는 룸보이 망얀족을 선교하기 위한 거점 교회입니다. 그간 천막을 치고 예배를 드렸으나 지난해 10월에 태풍으로 날아가 버렸고, 지금은 빈터만 남아있는 교회입니다.

그러나 감사하게도 오는 5월부터 교회 건축이 시작됩니다. 뉴욕의 주님을 알리는 교회(김정철 목사)에서 1천 3백 불을 헌금하였으므로, 그 예산을 가지고 이곳 실정에 맞는 대나무 교회를 짓기로 하였습니다. 예산이 너무나 부족하지만 "궁궐이나 초막이나…" 하는 찬송을 부르면서 감사하며 짓기로 하였습니다. 현재 20여 명이 출석하고 있으나 미자립 교회입니다.

6) 룸보이마운틴 기도처(전임 Ptr. Elias Bilog)

룸보이 마운틴(Lunboy Mountain Christian Church) 정상에 6가구의 가족이 살고 있습니다. 그들은 맨발에 누더기나 다름없는 하의를 걸치고 앙아(마약 성분 나무열매)를 씹으면서 문명 세계와 동떨어진 채 원시인처럼 살고 있습니다. 어른 12명에 아이들은 50여 명이나 됩니다. 이곳은 곡식도 없고 물도 없으며, 교육시설은 물론 의료시설도 없습니다.

그러나 감사하게도 꼭 있어야 할 것 한 가지가 여기에 있습니다. 기도처입니다. 다행히 이곳의 추장인 엘리야(Chief Elias Bilog)가 예수를 구주로 받아들였고, 지금은 그가 파스토(목회자)가 되어 영육 간에 주민들을 지도하고 있습니다. 지속적인 기도와 방문이 필요합니다.

7) 까폴라완 기도처(담임 Ptr. Vicente Galabayo)

까폴라완 기도처(Capolawan Christian Church) 2001년 2월에 개척한 교회입니다. 현재 10여 명의 망얀족이 모여 예배를 드리고 있으나 이 지역은 저희가 처음은 아닙니다. 1948년도에 미군 군속의 만딜린이라는 여자 전도사가 와서 땀을 흘리면서 복음의 씨를 뿌렸으나 미군이 철수한 후로는 믿음의 그루터기만 남아있던 곳입니다. 저희가 이곳을 방문하였을 때는 70대 후반의 갈라바요 목사님이 헛간 같은 곳에서 예배를 드리고 있었습니다.

그러하므로 이곳은 옛날부터 구원의 역사가 많이 일어나고 있던 곳입니다. 이곳이 망얀족의 집단 거주지이므로, 그들만의 고유한 문화와 전통이 숨 쉬고 있으며, 현대 문물에 대한 열망 또한 간과할 수 없는… 그리하여, 아직도 물자와 인원이 계속하여 투자되어야 할 곳으로 남아있는 아직도 미개척지입니다.

8) 한구석 밝히기 마닐라클럽(President Dr. Dionisis Prendengue)

한구석 밝히기 마닐라클럽은 필리핀 목회자 38명이 회원으로 있는 목회자 클럽입니다. 이 클럽은 자국민의 생활 여건과 의식 개혁을 목표로 하고 있는 만큼, 저희가 이 클럽을 지원함에 있어서는 선교사로서 조심해야 할 일들이 많습니다. 그러나 최종적인 목표는 언제나 구령이며, 복음 전파입니다.

현재 첫 사업으로 주 1회 급식 사역을 전개하고 있으나 급식에 필요한 자금은 교역자 전원이 '하루 한 끼 안 먹기 운동'으로 조달하므로 어려움이 많습니다. 지역민과 시 당국의 관심이 집중되고 있습니다. 참고로 '한구석 밝히기'란 현재 안양대학교 총장으로 있는 김영실 박사가 제창한 의식 개혁운동임을 말씀드립니다.

이상과 같이 저희 선교 사역의 대략을 말씀드렸습니다. 부족한 것 뿐이지만, 이 시대의 마지막 사명으로 알고 최선을 다하겠습니다. 계속하여 기도해 주시기를 부탁드립니다. 감사합니다.

2001년 4월 6일
필리핀 파사이 빌라누엘콘도에서, 백삼진 선교사 드림

망얀부족 선교를 위한 열심

† 은평교회 김명규 목사님께 드립니다

하나님의 크신 은혜와 축복이 섬기시는 교회와 가정 위에 항상 같이하시기를 축원드립니다.

1) 저희들은 오늘도 미전도 종족인 망얀부족(Mangyan Tribe)을 복음화하기 위해 산속으로 산속으로, 더 깊은 밀림 속으로 들어가고 있습니다.

2) 망얀부족의 종족 이름은 아랑안(Alangan)이고, 전체 부족은 7개 부족으로 구성되어 있으며, 부족은 Iraya, Batangan, Hanunuo, Alangan, Retagnon, Buhid, Tadyawan 등입니다. 그들은 아직도 반라와 맨발로 대나무로 엮은 오두막에서 살고 있으며, 주식은 고구마와 바나나로 농경사회 이전의 원시 형태로 살고 있습니다.

3) 통계에 의하면 망얀부족은 민도로섬 중앙 산악지대에 전체 6천 명이 살고 있는 것으로 되어있으나 밀림 속 숨겨진 곳에 얼마나 더 많은 사람이 살고 있는지 아무도 모릅니다. 저희는 현재 발견되지 않은 그들을 찾아서 산속을 헤매고 있으며 끝까지 찾아가서 그들에게 복음을 전할 것입니다.

4) 망얀부족이 복음을 받아들이기는 1% 미만이나, 보다 접근하기 힘든 내지 산악지대의 부족으로 아직도 정령숭배의 본거지에 남아있고, 복음에 대한 반대도 있어 이미 복음을 받아들였다 해도 자생력을 키워주는 것이 급선무입니다.

5) 저희들이 현재 정탐을 마치고 복음을 전하고 있는 지역은 쁘띵까까오(Puting CaCao) 망얀, 룸보이(Lumboy) 망얀, 까날와(Canalua) 망얀 등 3곳이고, 쁘띵까까오 망얀을 위해서는 폴라교회(Pola Church)를, 룸보이 망얀을 위해서는 마루보교회(Marubo Church)를, 까날와 망얀을 위해서는 까폴라완교회(Capolawan Church)를 각각 개척하였습니다.

지난 7월에는 마루보교회를 재건축하였습니다. 이 교회는 망얀족을 복음화하기 위한 거점 교회였으나 작년 10월에 태풍으로 날아가고 빈터만 남아있던 것을 뉴욕의 주님을알리는교회(김정철 목사)에서 1천 3백 불, 주님의교회(김해원 목사)에서 1백만 원, 도봉 성산교회

(김기철 목사)에서 5백 불을 각각 헌금해 주셔서 재건축할 수 있었습니다.

저희를 위해 기도해 주시기를 부탁드립니다. 다른 곳은 제쳐놓고 우선하여 미전도 종족인 망얀부족을 복음화하기 위해 최선을 다하고자 하는 저희를 위해 기도해 주시기를 부탁드립니다. 동봉한 사진 1은 룸보이 망얀족이고, 사진 2는 까날와 망얀족이며, 사진 3은 재건축한 마루보교회 전경입니다. 감사합니다.

주후 2001년 8월 21일
필리핀 마닐라에서, 백삼진 선교사 드림

미전도 종족을 향한 선교

† 대한예수교장로회 대신총회 해외선교부 귀중

하나님의 크신 은혜와 축복이 섬기시는 교회와 가정 위에 항상 같이하시기를 축원드립니다. 저희는 잘 있습니다. 세미나 사역, 어린이교육 사역, 급식 사역 등 마닐라의 사역도 여전하오며, 미전도 종족에 대한 선교 사역도 여전합니다. 며칠 전에는 1주 예정으로 민도로섬의 산지에 세운 망얀족의 교회들을 돌아보고 왔는데 필리핀 현지 목회자들이 모두 열심을 내어 충성하고 있는 것을 보고 큰 힘을 얻었습니다.

산지족(山地族)을 찾아다니다 보니 교회가 자꾸 늘어납니다. 주지하는 바와 같이 미전도 종족을 복음화하기 위해서는 관문도시(關門都市)에 거점 교회(據點敎會)를 세워야 하고, 일정 기간이 지나면 밀림 속 성도들을 위해서 산속에 교회를 세워야 하는데, 이렇게 미전도 종족에게 복음을 전하기 위해서는 두 곳에 교회를 세워야 하는 어려움이 있습니다. 저희는 그것이 미전도 종족 선교 사역의 정도(正道)라는 생각입니다. 그래서 교회가 자꾸 늘어납니다.

현재 저희가 이 골짝 저 골짝으로 찾아다니고 있는 망얀족(Mangyan)은 그 생활 풍습이 아직도 원시 상태로 남아있는 미개한 종족입니다. 교육, 보건위생, 의복과 식생활 등이 현대의 그것과는 아무 상관 없이 채집(採集)으로 살아가는 밀림 속의 유랑족(流浪族)입니다. 그들의 모습을 보면 상의는 깃이 없고 소매가 짧은 '칸간'이라는 재킷을 입고(요즈음은 거의 티셔츠를 착용하고 있음), 바지는 허리에 국소를 가린 '바학'을 걸치고 있으며, '두통'이라는 띠를 머리에 두르고 맨발로 칼을 차고 다니는 모습입니다. 여자는 소매가 넓은 '바로'라는 것을 입고, '파타드용'이라는 긴 면치마를 입고 있는데, 이것들은 모두 2천여 년 전에 필리핀으로 이주해 온 말레이시안의 유산이라고 합니다.

그러나 이런 종족이지만 필리핀 정부의 보호정책은 각별한 바 있어서 채집 생활이 가능한 땅을 무상으로 대여해 주는 등 생활 터전을 마련해 주고 있을 뿐만 아니라 의약품의 지원과 자녀들이 교육받기를 원하는 경우는 중·고교과정(4년) 1년 학비를 120페소(3,600원)를 내고 공부하게 합니다. 그들이 다 공부하는 것은 아니지만, 이로써 망얀족의 부락이 차츰 문명 세계와 접하게 됨을 알 수 있는데, 그러나 그들이 아직까지는 우리의 문명 세계를 살만한 것이라고 동경하고 있는 것이 아니기에, 그들만이 가진 고유한 문화를 이해하고 보호해 줄 필요가 있는 것을 깨닫게 됩니다.

따라서 그들을 통치하고 있는 것은 필리핀 정부가 아닙니다. 그 부락의 추장입니다. 철저한 추장 통치체제입니다. 그러기 때문에 여기서는 추장을 전도하면 그곳에 복음이 들어가고, 추장이 반대하면 복음이 들어갈 수 없을뿐더러 신변의 위험까지 감수해야 합니다. 그러나 하나님의 역사하심은 그곳에도 있었고, 우리가 가는 길에는 언제나 구원하기로 예정한 하나님의 백성들이 우리를 기다리고 있었습니다.

그렇게 해서 세운 교회가 민도로섬에만 7개 처입니다. 관문도시인 폴라에 세운 폴라교회와 쁘띵까까오교회, 관문도시인 만살라이에 세운 마루보교회와 룸보이 마운틴의 망얀족교회, 까발루와 망얀족교회이며, 관문도시인 블랄라까오와 로하스에 각각 세운 까폴라완교회와 로하스교회가 바로 그들 교회입니다.

이렇게 사역하기에는 사실 신변의 위험이 너무나 큽니다. 오마사 빈 라덴의 테러단과 연계된 아브샵(Abu Sayyaf Group, 민다나오에 회교국가 건설을 위해 1991년 8월에 창설한 과격 급진 테러단체, 300명 추정) 단체가 있어 정부군과 교전 중인 속보가 이따금 방송에서 흘러나오지만, 그렇지만 산속 깊숙이 들어가서 복음을 전해야 하는 저희는 이에 연연하지 않고 생명을 담보 삼고 갈 수밖에는 없는 길입니다.

작년 겨울 미국 뉴욕 감리교회(이강 목사 담임)에서 선교지 정탐차 파견한 서종석 목사님을 모시고 쁘띵까까오교회로 가는 밀림 속 길에서는 저희를 향해 쏘는 총소리에 오금이 저렸으나 하나님의 보호하심을 믿고 올라가서 은혜 중에 예배를 드렸고… 그러나 룸보이 마운틴에는 신변 안전 문제로 벌써 10개월 가까이 올라가지 못하고 있습니다.

산행(山行)에는 회교 원리주의자들의 반정부 활동에도 신경을 곤두세워야 하지만, 더 어려운 것은 망얀족 내에도 NPA(신인 민군, New People's Army, 1968년 모택동주의 필리핀 공산당 재건 이후 결성된 공산당의 무장투쟁조직, 6천 명 추정) 조직이 있어 마음대로 다닐 수 없다는 사실입니다. 룸보이의 망얀족 형제들이 거점 교회가 있는 만살라이까지 내려와서 우리를 호송하다시피 해서 올라가곤 하지만, 지금은 현지 필리핀 목회자와 교인들이 겁을 내어 우리와 동행하려고 하지를 않습니다.

10개월 전에 아브샵에 의해 납치된 미국의 번함 선교사 부부는 아직도 그 생사가 불분명한 상태입니다. 이들을 구출하기 위해 (미국은 단순한 군사작전이라고는 하지만) 미군 660명과 특수부대 160명이 파견되어 민다나오의 잠보앙가에 진을 치고 서부 지역을 감시하고 있지만, 역부족을 느낀 사령관은 900명을 더 증파해 달라고 본국에 요청하고 있는 실정입니다. 공개된 비디오테이프에서 번함 선교사는 말하기를 자기들은 아브샵 게릴라에 의해 구금되어 있으며, 그들을 납치한 이유는 모슬렘이 민다나오 서부 지역에서 너무도 비인도적인 박해를 받고 있기 때문이라고 합니다.

이럴 때 생각을 해봅니다. '어려운 산지족(망얀족) 선교를 그만두고, 교통이 편리하고 치안이 잘 되어있는 마닐라에서 보다 평안히 선교할 수도 있는데…'라고 말입니다. 그러나 주님이 명령하시고, 성령의 인도하심을 따라 이곳까지 왔으니, 남은 생명, '죽으면 죽으리라' 다짐하면서 하나님의 보호하심만을 믿고 나갈 뿐입니다. 할렐루야!

주후 2002년 4월 일
필리핀에서, 백삼진 선교사 드림

제4장

일 터

위의 것을 생각하고

땅의 것을 생각하지 말라. 골로새서 3:2

신학교 사역과 마마누와부족 개척 사역

† 성수교회 김재규 목사님에게

　　어느덧 폭염의 7월입니다. 주님 은혜 중 안녕하셨는지
요? 저희는 목사님의 각별하신 사랑과 성도 여러분의 진심 어린 기도
로 모두가 평안하오며, 맡겨주신 선교 사역도 때를 따라주시는 하나
님의 은혜로 잘 감당하고 있습니다.

1) 교회 건축 사역

　　지난 4월 선교 편지에서 부탁드린 기도 제목 중의 하나인 교회 건
축 문제에 있어서, 까발루와 망얀족교회 건축은 지난 5월에 은혜 중
에 마감하였고, 블랄라까오 해변의 까풀라완교회 건축은 지금 한참
진행 중입니다. 이 교회는 30평 남짓한 현지인 교회인데, 9월 준공을
목표로 하고 있습니다.

　　처음에는 필리핀 전통가옥과 같이 대나무로 지으려고 했으나 이곳
은 태풍과 해일이 심한 해변이라서 여섯 군데에 철골 기둥을 세우고
잇대어 시멘트 블록을 쌓아 올린 견고한 건축물로 착공하게 되었습

니다. 그러나 건물 벽 교회 앞쪽에는 출입문을 내지 못하고 대신 옆으로 큰문을 낸 이상한 모양의 건축물이 되었습니다. 교회와 바다와는 20m 이상 떨어져 있고, 해면과의 높이도 5m 이상이나 해일을 감당하기에는 충분한 거리가 아니라고 해서 교회 건물 앞면에는 오히려 튼튼한 방벽을 설치하도록 하였습니다.

2) 필리핀 목회자 재교육 사역

지난 6월 24~28일 기간에는 필리핀 목회자들을 위한 재교육 사역을 마닐라에서 처음으로 실시하였습니다. 학생들이 3명뿐인 빈약한 출발이었지만, 이는 종전에 실시해 온 성경학교(Bible Study)의 틀을 벗어난 오로지 목회자 양성을 목적으로 한 당당한 성경학교임을 말씀드릴 수 있습니다. 그러니까 대상(학생)은 다년간 목회를 하고 있는 전도사들인데, 학비가 없어서 신학을 다 필하지 못한 그러한 학생들입니다.

이들에게는 매월 $50의 사역비와 수업 기간 중에는 숙식비, 교통비 등 일체 비용은 장학금으로 지급합니다. 이를 위해서 뉴욕의 주님을알리는교회(김정철 목사)에서 전액을 장학금으로 보내오고 있으며, 앞으로 이를 더 확대하여 목회자들이 더 많이 공부할 수 있도록 노력할 계획입니다. 강의를 개설한 곳은 바타산의 빈민촌인데, 3평 남짓한 공간에서 선풍기 한 대 없이 땀 범벅이 되어 공부하면서도 비전을 가지고 최선을 다해 공부하는 모습들을 볼 때, '참! 잘하였구나!' 하는 생각을 하면서 이 일만은 어떤 일이 있어도 계속해야 하리라는 결심을 다짐하게 되었습니다.

그런데 목회자 재교육을 실시하는 목적은 종국적으로 토착 교회를 세우기 위해서이고, 토착 교회는 교육받은 그 나라, 그 민족, 그 족속, 그 주민들이 건실한 신앙생활을 하게 하기 위함이니, 그런 목적으로 계속 밀고 나갈 작정입니다. 그리하여 여기서 교육받은 목사님들이 자기 교회로 돌아가서 교인들의 신앙생활을 잘 지도하고 나아가 이 나라, 즉 필리핀을 복음화하는 데 앞장서게 됨은 물론, 세계 복음화의 일군들이 많이 배출되기를 위하여 기도하게 되는 것입니다.

3) 마마누와부족 전도 사역

제8차 필리핀 목회자 세미나를 오는 10월 2일~10일에 민다나오(Midanao Isl.)와 민도로(Mindoro Isl.)에서 2차에 걸쳐 각각 실시합니다. 이는 매년 실시해 온 필리핀 목회자의 자질 향상과 영성 회복을 위한 세미나이지만, 민다나오의 경우는 이마(Ima Mt.) 산악지대에서 살고 있는 마마누와(Mamanuwa, Mamanwa Tribe) 족의 복음화를 목적으로 한 세미나입니다.

마마누와족은 인구가 1,000명쯤이고, 대개 검은 피부와 곱슬머리를 한 흑인입니다. 전통적으로는 사냥이 주업(主業)이었으나 지금은 농경(農耕)을 위주로 한 정착민이 증가하고 있는 추세이며, 상당수는 아직도 채집으로 생활을 영위하기도 하는데 코코넛과 비단뱀, 새알 채집 등이 그것입니다. 그러나 이들은 미전도 종족(Unreached People)은 아닙니다. 이곳에 복음이 일찍 들어온 관계로 믿는 사람들이 많기 때문입니다. 그런 관계로 기독교에 대해서는 매우 개방적입니다. 하지만 기독교인의 97% 이상이 안타깝게도 이교도적 기독교(Christo-Paganism)에 떨어져 있는 불쌍한 영혼들이요, 종족들입니다.

 따라서 시급한 것은 이들에게 복음을 바로 전하고 가르치는 일입니다. 잘못된 샤먼(Shaman) 신앙을 바로잡고, 그들의 생활 속에 뿌리 깊게 내린 샤먼을 버리게 하는 일입니다. 그리하여 이번 세미나의 성격은 해당 지역 목회자들에게 경각심을 불러일으키고, 교육 위주보다는 선교 지원 개발(산지 및 교회방문)을 위한 선교 세미나가 되겠습니다. 그런 다음 개척 전도 종합지원계획(Pioneering Provisionary Plan)을 김 목사님과도 의론할 예정입니다. 세미나까지는 아직 시간이 있는 만큼 앞으로 이를 위해서 더욱 노력하고 연구하여 자료를 보충하도록 하겠습니다. 감사합니다.

2002년 7월 1일
필리핀 파사이에서, 백삼진 선교사 드림

부족 선교를 위한 기도

† 평안교회 배광숙 목사님에게

1) 까풀라완교회 건축이 9월 중에 완공되도록 하옵소서!

지난 8월 30일의 일이었습니다. 민도로(Midoro)섬, 산 안토니오 (San Antonio) 마루보교회(Marubo)에서 사역하고 있는 에덴(Ptra. Eden Vicente) 전도사가 저희 집을 방문하였습니다. 그간 갈라바요 (Ptr. Galabayo) 노(老) 목사님을 도와서 까폴라완교회(Capolawan) 건축에 앞장서 왔던 여자 전도사였기에 얼굴은 더욱 검게 타있었으나 그를 맞는 기쁨은 열 배나 더 하였고, 우리는 먼저 그녀가 가지고 온 건축 현장 사진부터 살펴보았습니다. 공사비가 부족하다고 했습니다.

애초 계획대로 교회 건물은 철근 기둥을 사방에 세우고 시멘트 블록을 쌓은 모습이었고, 지붕은 양철로 덮어서 얼핏 보기만 해도 반석 위에 세운 것 같은 견고한 교회임이 분명했습니다. 이제 창문을 해 달고 시멘트로 바닥을 다지기만 하면 됩니다. 주여! 마지막 공정(工程)이 은혜 중에 마칠 수 있도록 축복해 주옵소서.

2) 마마누와족을 복음화하게 하옵소서!

지난 8월 22일에 마마누와족(Mamanuwa Tribe)이 살고 있는 민다나오에 다녀왔습니다. 뱃길로 2박 3일 길. 거기서 또 지프니와 도보로 3~4시간이 걸리는, 그들 마마누와족은 민다나오(Mindanao) 섬 북단에 있는 수리가오(Surigao)의 이마(Ima Mt.) 산속에서 살고 있는 산지족(山地族)입니다.

저 아프리카의, 이 세상에서 제일 작은 인종인 피그미족의 후손들인 양, 그들은 모두 키가 작고 피부가 검을 뿐만 아니라 곱슬머리를 한 이 땅(필리핀)이 배출한 순수한 흑인들입니다.

주식은 바나나, 코코넛, 가모떼 등이며, 새알, 비단뱀을 채집하여 먹기도 하며 때로는 사슴, 원숭이 등을 잡아먹기도 하는 그들은 문명과 단절된 채 살아가고 있는 이 땅의 마지막 원시인들입니다. 국가도 돌보지 않는 버려진 이 땅의 극빈자들이요, 구원의 손길이 닿지 않은 불쌍한 영혼들입니다.

주여! 이들을 복음화하기 위하여 오가는 길의 안전과 기쁨으로, 그리고 많은 사람이 복음 사역에 자원함으로 참여하게 하옵소서!

3) 룸보이 마운틴의 길이 열리게 하옵소서!

룸보이 마운틴(Lumboy Mountain)에 올라간 지 1년이 지났습니다. 민도로섬 중북부 밀림 속에서 여섯 가정, 60여 명(어른 12명, 어린이 50여 명)의 망얀족(Mangyan Tribe)들이 그곳에서 우리를 기다리고 있지만, 그렇지만 우리는 그곳에 갈 수가 없습니다.

왜냐하면, 9·11테러 사건 이후 빈 라덴의 하부 조직인 필리핀의 아
브 샤야프(Abu Sayyaf)가 민다나오 잠보앙가(Zamboanga) 등지(等地)
에서 반정부 활동을 전개하고 있을 뿐만 아니라 이에 고무된바, 이곳
룸보이 산속에서도 납치와 살상을 전문으로 하는 NPA(신인민군, New
People Army)의 활동이 속출하고 있는 까닭입니다. 따라서 신변의
안전을 보장할 수 없다면서 룸보이 마운틴의 추장(酋長)인 엘리야스
가 우리들이 오는 것을 적극 만류하고 있기 때문입니다.

그것이 벌써 1년 전의 일입니다. 그러나 우리는 가야 합니다. 그곳
은 우리가 기도하면서 개척한 망얀족 선교의 거점이기에 '죽으면 죽으
리라!' 일사각오로 가야 할 곳입니다. 주여! 이미 예수를 구주로 영접
한 그들에게 참 진리의 말씀이 계속 살아서 역사하게 하시고 막힌 길
이 속히 뚫려 망얀족을 향한 선교 열정이 식지 않도록 하옵소서.

2002년 8월 30일
필리핀에서,
망얀부족과 마마누와부족을 섬기고 있는 백삼진 선교사 드림

개척자의 길

† 대신교회 황수원 목사님 전

신록의 계절입니다. 이곳 선교지도 5월이 되니 나뭇잎에 제법 윤기가 흐르고, 이름 모를 5월의 꽃들이 여기저기 피어올라 신선한 느낌을 줍니다. 할렐루야! 아름다운 계절을 주신 하나님의 성호를 찬양하오며, 그 크신 은혜와 축복이 섬기시는 교회와 가정 위에 항상 넘치기를 축원합니다. 저희 선교 사역은 예정대로 잘 진행되고 있습니다. 작년에 세웠던 기도의 제목들이 하나하나 기적처럼 이루어짐을 볼 때, '선교란 역시 대장 되신 주님께 의지함으로 그가 친히 하시는구나!' 하고, 그 인도—그 보호—그 축복에 오직 감사와 감격이 따를 뿐입니다.

1) 교회 건축 사역

교회 건축 사역은 현재 민다나오섬과 민도로섬에서 활발히 진행되고 있습니다.

① 이마피풀교회

이마피풀교회(Ima People Church)는 민다나오섬 수리가오 이마

(Ima Mt.) 산기슭에 있는 마마누와부족(Mamanuwa Tribe) 교회입니다. 지난 3월에 착공하여 현재 80%의 공정을 보이고 있으며, 수주 내에 공사를 마무리하게 됩니다. 이 교회는 마마누와부족 선교를 위한 관문 교회입니다. 현재 원로 목사인 빵아린(Rev. Elis Pangadlin) 목사와 제트로(Ptr. Jetro) 등, 그의 아들들인 파스토 3형제가 공동으로 사역하고 있으며, 저희는 이들을 통해 산속에서 원시인처럼 살고 있는 마마누와부족을 위한 선교를 더욱 확장하려고 합니다.

② 룸보이마운틴 부족 교회

이 교회는 민도로섬 중북부 룸보이산(Lumboy Mt.) 정상에 있는 망얀부족(Mangyan Tribe) 교회입니다. 그동안은 NPA(신인민군=공산군)의 활동으로 근접하지 못하다가 1년 8개월 후인 지난 4월 10일에야 겨우 룸보이 산에 올라가 망얀부족 성도들을 만나 볼 수 있었고, 그곳 추장인 엘리야스(Ptr. Elias)와 함께 교회 세우기를 위해 기도한 후 5월 6일부터 건축을 시작하였습니다. 골짜기는 깊고 산은 높아서 시멘트 벽돌로는 교회를 지을 수 없습니다. 코코넛 나무를 절단하여 기둥을 세우고 합판을 옮겨와서 겨우 벽을 덮고 있습니다.

우리가 이 교회를 방문할 때는 그들(룸보이 망얀족)이 먼저 NPA에게 통보하여 허락을 받은 후 행렬의 앞뒤 보호를 받으면서 올라가게 되는데, 다리에 힘이 붙었는지 처음 올라갈 때는 3시 30

분 걸리던 거리를 지금은 1시간을 단축하여 산 위 마을에 도착하게 됩니다. 우리는 이를 전초기지화하여 어떤 위험이 따르던지 이들보다 더 깊은 산 속에 고립되어 있는 망얀족을 찾아가겠습니다.

2) 신학 교육 사역

이 사역은 지난 3월부터 시작한 사역인데, 현지인 목회자 양성을 위한 신학교 사역입니다. 수업은 3월, 4월, 5월 중 3개월간 매주 토요일 오전 중에 90분씩 실시되고, 이번 학기의 과목은 조직신학과 목회신학 두 과목입니다. 학비는 전부 무료이며, 학생은 25명으로 모두가 현재 목회는 하고 있으나 신학교육을 필하지 못한 전도사들입니다.

교수는 박사급 이상 신학대학 교수로 앞으로도 계속하여 최고의 강사진으로 최고의 학풍을 창출하는 학교가 되게 하겠습니다. 지금은 비록 작은 모임이지만 이를 통하여 많은 목회자가 배출될 것을 믿어 의심치 않으며 동참하는 많은 손길이 이 사역을 위해 기도해 주시고 후원해 주시기를 기도합니다. 다음 학기는 9월, 10월, 11월(3개월)이며, 학과와 시간은 조직신학, 기독교교육, 교회역사 등 3과목 3시간으로 예정되어 있습니다.

3) 유치원 교육 사역

지난 3월 27일에는 까마린 가든교회에서 제2회 유치원 졸업식이 있었습니다. 졸업생은 모두 45명. 오랜만에 참석한 졸업식에서 졸업

증서와 메달을 수여하고 사진도 같이 찍기도 하면서 그간 저희가 개척하여 세운 가든교회와 그 부속 유치원을 이토록 크게 성장시켜주신 하나님의 은혜에 깊이 감사하지 않을 수 없었습니다.

이 유치원은 저희가 세운 5번째의 유치원입니다. 원하옵기는 이 교회에서 자라고 이 교회 유치원에서 교육받은 어린이들이 잘 자라서 앞으로 이 교회의 기둥들이 되어짐은 물론, 이 나라 필리핀을 짊어지고 나갈 일군들이 속속 배출되기를 위하여 기도합니다.

4) 민도로섬 전도 대회

지난 4월 2일~11일(9박 10일)에 실시한 민도로섬 전도 대회는 은혜 중 무사히 마쳤습니다. 전도대는 미국 뉴욕의 김정철(주님을알리는교회) 목사 등 8명을 포함한 12명이었고, 방문한 지역과 교회는 나우한(Naujan) 교회, 나우한 U.C.C.P.교회, 폴라교회, 바랑한교회, 소고로교회, 쁘띵까까오교회, 로하스교회, 마루보교회, 까폴라완교회, 까발루와교회, 룸보이 망얀부족 교회, 만살라이 망얀부족 교회, 푸갓라원교회 등 13교회로, 저희의 사역지 교회가 거의 망라되었습니다.

전도대는 섭씨 37도를 오르내리는 폭염에도 불구하고 가는 곳마다 축호 전도를 실시했으며, 저녁에는 준비해 간 「예수」 영화를 상영하므로 하나님께 큰 영광을 돌렸습니다. 할렐루야!

- 기도 제목

1) 현재 건축 중인 민다나오섬의 마마누와족 부족 교회와 민도로섬의 망얀족 부족 교회가 은혜 중 완공될 수 있도록 기도하여 주시기를 부탁드립니다.

2) 신학 교육 사역을 위해 기도해 주시고, 구체적으로는 가르치는 교수나 학생이 최선을 다하여 열심 전력하도록! 그리고 그들 모두에게 책 값 등 장학금($50)을 줄 수 있도록 기도하여 주시기를 부탁드립니다.

3) 레이테섬(Pulo ng Leyte)의 파스토 죠엘(Isabel Evangelical Church)과 민도로섬의 파스토 악살란(Sitio Banco Christian Church)이 각각 교회 건축을 청원하고 있습니다. 이들 교회의 청원을 위해 기도해 주시고, 주님의 교회가 필리핀 전역, 방방곡곡에 세워지도록 기도하여 주시기를 부탁드립니다.

4) 최정인 목사와 백삼진 선교사가 필리핀의 어느 섬, 어느 밀림 속을 가든지 해 받지 않고 다닐 수 있도록 항상 기도하여 주시기를 부탁드립니다.

주후 2003년 5월 4일
마닐라 빌라루엘타워 504호실에서, 백삼진 선교사

「예수」 영화와 시청각 전도 사역

† 서울 모자이크교회 박종근 목사님 귀하

할렐루야! 하나님의 크신 은혜와 축복이 섬기시는 교회와 가정 위에 항상 같이하시기를 축원드립니다.

벌써 계절은 3월! 여기서는 도저히 상상할 수 없는 싱싱한 봄의 입김이 한국의 대지를 온통 물들이고 있을 듯하여 잠시 향수에 젖어 봅니다. 지난 2월 17~28일에는 민도로섬 전도 사역이 있었고, 그 기간 중에 갈린가곤(Calingagan Mt.) 산 위에 있는 갈린가곤교회를 헌당하였고, 23일에는 까발루와(Cabarluwa) 망얀족 교회의 기공 예배를 드렸습니다. 3월 15~24일까지는 천안(백석)대학교 이사장이신 김준삼 교수께서 '제9회 필리핀 목회자 초청 세미나'를 개최하게 됩니다. 또 오는 6월 둘째 주에는 폴라교회 유치원을 개원하게 됩니다.

그다음에 집중적으로 수행한 사역은 영사기를 이용한 시청각 전도 집회 사역이었습니다. 전도 방법은 주로 「예수」 영화를 상영하는 일이었는데, 차량도 없이 1년에 2~3번, 무거운 기재와 영사기를 들고 산간벽지와 바닷가를 헤맨 지도 어언 3년이라는 세월이 흘렀습니다. 영화 상영은 처음에는 저희가 개척해 세운 민도로섬의 13개 교회에 집중되었으나 그 후에는 새로운 마을과 동네를 찾아가서 영화 상영하기를 이미 수십 차례나 하였습니다.

영화를 상영하는 이 방법이 무슨 전도 방법이냐 하면, 이 전도 방법은 개인 전도 방법이 아니라 집단 전도 방법(가족이나 부족) 중 하나입니다. 이곳 필리핀 사람들은 혈연관계로 꽁꽁 묶여있는, 그러니까 가족이나 부족 정신이 강한 곳이기에 온 가족이 영화를 같이 보면서 더불어 예수를 구주로 영접하게 하는 방법입니다. 예수님의 일생(출생, 복음 전파, 십자가에 달리심, 부활)을 영화로 보여줌으로써 불신자에게 복음을 전하는 것입니다. 영화가 끝나면 해당 지역 목회자가 다시 말씀을 선포합니다. 그리고 결신자를 위한 기도로 전도를 끝마치게 됩니다.

「예수」 영화가 상영되기 시작한 것은 1979년부터입니다. 미국에서 처음 상영된 이 영화는 현재까지 전 세계 56억 명이라는 관객이 동원되었고, 이를 통하여 복음을 접하고 예수를 구주로 영접한 것이 수십, 아니 수백만 명에 이른다고 합니다. 그런데 필리핀에는 그로부터 20년이 지난 지금에야 겨우 이 방법이 시도되고 있는 것입니다. 마닐라 등 대도시에서 「예수」 영화가 상영되었는지는 잘 모르겠습니다. 그러나 한 가지 분명한 것은 「예수」 영화는 지금까지 지방이나 산간벽지, 특히 부족사회, 망얀족들에게는 상영되지 않았다는 사실입니다. 그리고 감사하게도 「예수」 영화를 통해서도 구원받는 역사가 속속 일어나고 있다는 사실입니다.

할렐루야! 이 영화를 만든 사람은 빌 그리잇 박사입니다. 그의 말에 의하면 "영화가 사람들에게 주는 영향이 크다는 생각을 갖고 할리우드에 있으면서 영화를 통해 예수님을 전해야겠다고 기도했다."라고 합니다. 그의 기도가 응답되고 있는 현실을 보면서 앞으로 전도는 축호 전도도 필요하지만, 첨단장비를 동원해서 전도하는 방법을 더 연구해야겠다는 생각을 하게 되었습니다.

오리엔탈 민도로섬의 중앙교회라 할 수 있는 폴라교회는 날로 성장하고 있습니다. 지난해 헌당 이후, 폴라교회는 열심 전력하여 여러 교회를 개척하였는데, 교회는 각각 바랑한(Parangan Outreach), 풀라(Pula Outreach), 타이번한(Taybungan Outreach), 레코도(Recodo Outreach) 등, 4개 교회입니다.

바랑한교회는 언덕 위 빈터에서 예배를 드리고, 타이번한교회는 준(Ptr. Jun) 전도사의 집 헛간에서, 풀라교회는 교인 집 마당에서 각각 예배를 드리고 있습니다. 비록 교회 건물은 없으나 말씀 사모와 경건의 모습은 어느 기성 교회 성도에 못지않습니다. 그리고 특히 부탁드릴 기도의 제목은 폴라교회(Sitio Banco Christian Church)에 유치원을 개설하는 일입니다. 원생은 2개 클래스 50명으로 하고, 오는 6월 둘째 주에 개원할 예정입니다.

어려서부터 예수님을 구주로 영접하는 일이 필요합니다. 그리스도의 품성으로 가르치고 거듭나게 하는 일이 필요합니다. 그리고 그들을 그리스도의 장성한 분량에 이르도록 계속해서 양육하는 일입니다. 여기에 필요한 교육비는 물론 전액 무료입니다. 유니폼도 해주고,

가방도 메워주고, 학용품도 무료로 공급해야 하므로 여기에는 많은 기도와 물질의 후원이 필요합니다. 이는 저희가 필리핀에서 6번째로 개설하는 유치원이 되겠습니다. 이 사역을 위하여 하나님께서 영육 간에 부족한 것을 채워주실 것을 믿으며, 유치원 사역이 은혜중에 잘 개원할 수 있도록 기도해 주시기를 부탁드립니다.

– 기도 제목

1) 아직도 복음을 모르는 민도로섬의 여러 해변, 산지에 복음의 폭풍이 강하게 몰아치도록!

2) 새로 개척한 바랑한교회, 풀라교회, 타이번한교회, 레코도교회가 빨리 정착하고, 이 교회를 통해 인근 지역이 복음화되도록!

3) 6월 개설을 목표로 하고 있는 폴라교회 유치원이 은혜 중에 개원할 수 있도록!

4) 「예수」 영화 전도대가 마을이나 도시나 가는 곳마다 성령의 바람을 일으켜 구원받는 영혼이 날로 늘어나도록!

5) 3월 15일부터 시작되는 '제9회 필리핀 목회자 초청 세미나'(별첨)를 위하여 기도해 주시기를 부탁드립니다.

2004년 3월 2일
필리핀에서 마닐라 빌라누엘타워 504호에서, 백삼진 선교사 드립니다

돼지 새끼 사역(Ⅰ)

† 대한예수교장로회 경북노회 귀중

호소합니다! 돼지 새끼를 선교지로 보내주세요.

살기가 어렵다고 합니다. 필리핀 원주민 목회자를 만나면 이구동성으로 목회하기가 어렵다고 합니다. 은혜가 없기 때문이 아닙니다. 쌀이 없기 때문입니다. 쌀이 없어서 쌀독이 비고, 돈이 없어서 자녀들이 학교를 중퇴하기 때문입니다.

따라서 이곳 선교지의 목회자들은 누구나 세상 직업을 가지게 됩니다. 어떤 분은 농부로, 어떤 분은 어부로, 어떤 분은 목수로, 일터에 나가 하루 종일 일을 합니다. 그리하여 그것으로 쌀을 사고 아이들 학비를 보태곤 합니다. 욕심 때문이 아닙니다. 교회에 재정이 없기 때문입니다. 그런데 이것이 이곳 필리핀, 특히 도서(島嶼) 지방 선교지의 현실입니다. 이제 더 이상 그들을 향해 목회 중심으로 살라고 할 수 없습니다.

목회자들이 생활을 위해 세상 직업을 갖지 않도록 도와주는 일밖에 없습니다. 자녀들의 학비를 벌기 위해 땀을 흘리지 않도록 협력하는 일밖에 없습니다. 누구보다 앞장서서 기도하고 전도해야 할 분들이 바로 그들인데 말입니다.

그렇습니다. 목회자를 바로 살게 해야 합니다. 그래야 교인들이 바로 삽니다. 교회가 바로 섭니다. 그래서 호소합니다. 목회자가 세상 직업을 갖지 않게 하기 위해서, 주님 명령만을 준행토록 하기 위해서, 교회가 자립하도록 하기 위해서, 돼지 새끼 보내주심을 청원합니다.

돼지 새끼 몇 마리씩을 이곳 선교지의 개척 교회와 목회자에게 보내주시기를 호소합니다. 돼지 새끼는 한 마리당 필리핀 돈으로 1,500(₩31,500)페소입니다. 3개월을 키우면 식용으로 한 마리당 8,000(₩170,000)페소를 받을 수 있습니다.

그런데 사료가 비쌉니다. 1개월 사료값이 800페소이므로 3개월에 2,400페소가 소요됩니다. 그리고 암돼지는 1년에 2번 새끼를 낳을 수 있고, 1번에 10~14마리를 낳을 수 있으므로 이를 분양한다면 물질적으로도 튼튼히 서가는 교회로 건설할 수 있게 됩니다.

종류	단위	단가	사료	계	3개월 후	순익	비고
돼지 새끼	1마리	1,500 페소	1개월 800 ×3개월 =2,400페소	3,900 페소 $70	1마리 8,000 페소	4,100 페소 $200	
돼지 새끼	3마리	4,500 페소	2,400페소 ×3마리 =7,200페소	11,700 페소 $200	3마리 24,000 페소	12,300 페소 $600	

현재 저희가 개척한 교회는 전부 16개 교회로, 마닐라의 두 개 교회를 제외하고는 전부 돼지 새끼를 보내줘야 할 해변과 늪지대, 호숫가, 밀림 속에 흩어져 있는 오지 교회입니다. 선처하여 주시기 바라오며 이에 돼지 새끼 보내주심을 청원드립니다. 주여!

주후 2004년 6월 22일
필리핀 오리엔탈 민도로섬 쁘띵까까오 밀림 속에서
백삼진 선교사 올립니다

돼지 새끼 사역(Ⅱ)

† 대한예수교장로회 대신총회 해외선교부 귀중

　　선교지에서 저희가 개척해서 세운 토착 교회의 목회자를 만났습니다. 만나자 대뜸 하는 말이 "돼지 새끼를 보내주세요. 돼지 새끼를 보내주신다고 약속하고 왜 안 보내주십니까?"라고 질책 반 강권 반으로 말했습니다.

　　그랬습니다. 저희가 잘못했습니다. 여기저기 토착 교회를 개척하고서 지금까지 돌보지 못한 것이 잘못이요, 교회를 자립시키려고 돼지 새끼를 몇 마리씩 보내주겠다고 자신 있게 말한 것이 잘못입니다. 더 큰 잘못은 후원 교회로부터 후원 약속을 받지 못한 채 광고부터 한 것이 잘못입니다. 얼굴을 들 수 없었습니다. 곧 보내줄 터이니 조금만 더 기다려 달라고 말할 수도 없었습니다.

　　현지 교회 목회자 중에는 농부도 있고, 어부도 있고, 목수도 있습니다. 운전수도 있습니다. '목회자가 세상 직업을 가지고 있다니?' 하고 저희도 처음에는 의아해했으나 하나님이 내려 주신 축복이라고 아이들을 10명씩이나 낳고, 그러다 보니 목회자가 자녀들 공부도 못 시키고 남자들은 노동판으로, 여자들은 대도시 식모로 보내서 돈을 벌게 함을 어느 정도 이해하게 되었습니다. 이것이 이곳 필리핀 낙도 (落島) 선교지의 척박한 현실입니다. 그러니 목회가 제대로 될 리가 없지요. 교회 또한 제대로 성장해 갈 수 없지요.

그래서 기도 중에 토착 교회로 보내는 '돼지 새끼 보내기 운동'을 생각하게 되었습니다. 필요한 돼지 새끼의 숫자는 200마리입니다. 저희가 단독으로는 진행할 수 없는 숫자입니다. 그러하오니 돼지 새끼를 한 마리씩 보내주세요.

돼지 새끼를 보내주신다면 별지 내용과 같이 이를 각 교회에 분양한 후 잘 키워서 복음 전파의 밑거름이 되게 하겠습니다. 그리하여 이곳 토착 교회를 담임하고 있는 원주민 목회자가 바른 목회를 하도록 하고, 교인들은 교인대로 협력하여 크리스천의 사명을 잘 감당하도록 하겠습니다.

종류	단위	단가	사료	계	3개월 후	순익	비고
돼지 새끼	1마리	1,500 페소	1개월 800 ×3개월 =2,400페소	3,900 페소 $70	1마리 8,000 페소	4,100 페소 $200	
돼지 새끼	3마리	4,500 페소	2,400페소 ×3마리 =7,200페소	11,700 페소 $200	3마리 24,000 페소	12,300 페소 $600	

목회자의 바른 목회와 토착 교회의 자립을 위해 여러 가지 방법을 강구하고 있는 저희에게 다시 한번 더 힘이 되어주시기를 부탁드립니다.

주후 2004년 8월 2일
필리핀 민도로섬 쁘띵까까오 밀림 속에서
백삼진 선교사 올림

2005년도 선교비 후원 청원을 드리는 말씀

† 대한예수교장로회 대신총회 해외선교부 귀중

"교회 개척, 그만합시다!"

우스운 이야기를 해야 할 것 같습니다. 하루는 둘이 앉아서 선교 사역을 놓고 대화하던 중에 "이제 교회 개척은 그만하십시다!"라고 한 웃지 못할 이야기입니다. 교회 개척을 그만하자니요? 이 무슨 망령된 말씀인가요? 말도 안 되는 소리입니다. 선교사의 첫째 되는 사명이 교회를 개척하여 토착 교회를 세우는 일인데, 둘이 앉아서 한다는 말이 고작 교회 개척을 그만하자니요?

가슴이 아픕니다.

삭신이 내려앉는 기분입니다. 한계에 왔다는 느낌입니다. 건강 탓이 아닙니다. 은혜가 없는 탓이 아닙니다. 하나님께서는 흔들어 차고 넘치도록 채워주시는 분이신데, 더 달라고 기도하고, 욕심 때문인가요? 더 일해야겠다고, 이를 악물고 동분서주(東奔西走)하다가, 이제는 힘이 부치기 때문입니다.

아니요! 그게 아니라,

현재 저희가 개척한 교회가 모두 16개 교회인데, 일일이 돌볼 수 없는 어려움이 있기 때문입니다.

토착 교회를 담임하고 있는 원주민 목사님들을 보면 그저 미안하고 죄스러울 뿐입니다. 조금만 더 참아달라고, 그러면 사례비도 드리고, 외지에 나가서 식모살이하는 아이들도 다 데려오고, 다시 학교에 보내주겠노라고, 수십 번 약속하다가 약속을 지키지 못하니 이제는 사기꾼 선교사가 된 느낌입니다.

들어오는 선교비로 교회 자립을 위해 쓰고 현지 사역자에게 사례비도 지급하면 되겠지만, 그리하면 아무 다른 사역을 할 수 없습니다. 그래서 생각, 생각하다가 '교회 개척을 그만하자'는 말도 안 되는 소리를 하게 되는 것이지요.

그러니까 지금부터는 교회 개척을 그만하고, 이제부터는 기왕에 들어오고 있는 그 돈으로 저희가 지금까지 개척해서 섬기고 있는 16개 토착 교회의 자립(自立), 자전(自傳), 자치(自治)를 위해 쓰자는 이야기입니다. 사역비를 전용하여 목사님들에게 사례비로 드리자, 궁여지책(窮餘之策)의 이야기입니다.

그러나 그렇게 할 수 없는 것이 저희의 입장입니다.

다른 일을 못 한다 해도 어찌 교회 개척 사역을 중단할 수 있겠습니까? 어떤 총회 선교부에서 "필리핀은 이제 전부 복음화(福音化)되었다! 선교사를 더 파송할 필요 없다!"라고 공개적으로 선포했다지만, 이 무슨 망령된 말씀입니까? 무지의 소치입니다. 탁상행정입니다. 마닐라라는 대도시에 선교사가 몰려있는 것은 사실입니다. 따라서 선교 사역이 중복되고, 선교비가 중복 투자되고 있음도 사실입니다. 그러나 마닐라를 벗어나서 다른 섬으로… 바닷가 늪지대, 산속, 오지, 호숫가, 그리고 부족들이 살고 있는 밀림 속으로 가보세요.

가야 할 곳이 너무나 많습니다. 선교사의 발걸음이 한 번도 미치지 못한 곳이 너무나 많습니다. 복음을 한 번 들어보지 못하고 죽어가는 영혼들이 너무나 많습니다.

그래서 가야 합니다. 저희만 해도 주(主) 사역지인 민도로섬 외에 사말섬, 레이테섬, 보홀섬, 까탄투아네스섬, 롬블론섬, 그리고 민도로섬의 중북부 산악지대 등등 오라는 곳도, 가야 할 곳이 너무나 많은데…. 한편에서는 책상에 앉아서 '가야 할 곳이 없다.'라는 것이, 이 무슨 황당무계(荒唐無稽)한 말씀인가요?

가야 합니다.
그리고 교회는 더 개척되어야 합니다.
이뿐만 아니라, 교회 건축도 계속해서 추진해야 합니다.
그래서 부탁드립니다.
귀 선교회의 형편은 알 수 없으나 2005년도부터 일정 기간, 일정 액수를 선교비로 책정해 주시기를 간절히 부탁드립니다. '나이 들어서 파송된 선교사가 뭐 잘할 수 있겠나?' 하지 마시고, 목사 안수받은 지 5년밖에 안 된 의욕에 찬 젊은 선교사려니, 그렇게 생각하시고 힘을 실어주시기 부탁드립니다.

1천 원도 좋고, 1만 원도 좋습니다. 기도와 함께 보내주시는 선교비가 땅에 떨어지는 일 없이 유효하게 쓰도록 최선을 다하겠습니다. 그러면 교회 개척 사역도 계속하고, 16개 토착 교회의 자활(自活) 프로그램(돼지 새끼 보내기 운동 등)도 은혜 중에 성취할 수 있겠습니다.

하나님의 크신 은혜와 축복이 귀 해외선교부 위에 항상 같이하시기를 기도드립니다.

주후 2004년 11월 일
민도로섬 쁘띵까까오 산속에서
최정인, 백삼진 선교사 드립니다

태풍이 할퀴고 간 선교 현장

† 성림교회 유문옥 목사님에게 드리는 글

긴급기도 요청을 드립니다. 3차례에 걸쳐 필리핀을 강타한 태풍과 폭우로 교회들이 파괴되었기 때문입니다. 민도로섬에 개척한 12개 교회 중 그 4분지 1인 3개 토착 교회(마루보교회, 로하스교회, 갈린가곤교회)가 형체도 없이 전부 붕괴되었기 때문입니다. 태풍의 진로가 바뀌었는지, 지난 1개월 사이에 발생한 태풍이 모두 저희의 주(主) 사역지인 민도로섬을 통과하게 되었고, 11월 말에 내습한 2번째 태풍으로 이런 엄청난 피해를 입게 되었습니다.

이번 태풍으로 입은 피해는 교회 건물뿐이 아닙니다. 교회 성물들인 강대상과 의자, 드럼 세트, 가라오케 등이 건물이 넘어지면서 전부 파괴되었습니다. 이에 따라 교회를 담임하고 있는 교역자들이 당황해하고, 성도들이 갈 바를 알지 못하고 헤매는 심정은 이루 헤아릴 길이 없습니다. 저희 또한 마찬가지입니다. 이는 저희가 1991년 선교를 시작한 이래 처음으로 당한 피해요, 처음으로 당하는 위기 상황이라 해도 과언이 아니겠습니다.

마루보교회(Budgat Marubo Church, Ptra. Edenia Avelino)가 붕괴되었습니다. 이 교회는 인근 지역 복음화와 룸보이 산에서 살고 있는 망얀부족 선교를 목표로 개척한 관문 교회였는데, 벌써 두 번째로 붕괴를 맞게 되었습니다. 1999년도에 세운 천막 교회가 2000년에 태풍으로 날아가 버렸고, 2001년도에 다시 건축한 교회는 그보다 든든한 목조건물이었으나 이번 태풍을 견디지 못하고 붕괴되어 버린 것입니다.

로하스교회(Jesus Christ My Savior Church, Ptr. Ronald M. Minano)가 붕괴되었습니다. 이 교회는 마루보교회에서 전도사로 시무하던 로날드 전도사가 2001년도에 개척한 교회로, 동년에 대나무 교회로 세웠으나 2003년도 태풍으로 야자나무가 꺾어지면서 교회를 덮쳐 전부 파괴되었던 것인데, 2004년 5월에 목조로 재건했으나 이번 태풍으로 다시 붕괴되어 버렸습니다.

갈린가곤교회(Calingagon Mangyan Church Ptr. Leopoldo Cartis)가 붕괴되었습니다. 이 교회는 마루보교회 출석 교인이었던 네오폴도(leopoldo Polding) 집사 내외가 2000년도에 선교 사명을 띠고 갈린가곤의 망얀부족 전도를 위해 개척한 교회인데, 천막 교회로 시작하여 2003년도에 비로소 갈린가곤 산등성이에 대나무 교회를 세웠으나 이 또한 태풍으로 날아가 버린 비운을 겪게 되었습니다.

현재는 담임 교역자와 성도들이 허물어진 교회 터에서 천막도 치지 못한 채 울면서 예배를 드리고 있으나 스스로 난관을 극복하고 자립하기에는 역부족입니다. 오직 전도 일념으로 서로 협력하면서 장막 터를 넓혀온 토착 교회가 그것도 1개 교회가 아니요, 3개 교회가 한순간에 붕괴되어 버리니 당황스럽고 곤혹스럽기 짝이 없는 심정입니다. 우선은 종래의 교회 모습을 회복하는 것이 저희의 1차 소원이나 미래적으로는 어떤 태풍에도 끄떡없는 항구적인 교회가 세워지기를 소원해 봅니다.

천막이라도 비를 피해 예배를 드릴 수 있는 예배 처소가 필요합니다. 예배에 필요한 성물들인 드럼 세트, 가라오케, 기타, 강대상, 의자들이 필요합니다.

이에 귀 교회 선교부에 긴급기도의 요청과 함께, 이들 교회의 재건을 위해서 특별히 기도하여 줄 것과 특별히 헌금하여 후원하여 주시기를 간절히 요청드리는 바입니다.

하나님의 크신 은혜와 축복이 귀 교회와 선교부 위에 항상 같이하시기를 기도드립니다. 감사합니다.

2004년 12월 7일 민도로섬 재해 현장에서
백삼진 선교사 드림

NPA과 자활을 위한 싸움

† 부산 영락교회 윤성진 목사님 귀하

민도로(Mindoro) 섬에 다녀왔습니다. 2~3개월 사이 벌써 다섯 차례, 민도로섬이 우리의 주(主) 사역지이므로 그곳에 사역을 집중하고 미지의 땅을 더 개척해야겠다는 뜻도 있었지만, 선교 외적으로는 기왕 개척해서 세운 13개 토착 교회를 어떻게든 자립시켜 보려고 하는 계획으로 다녀왔습니다.

우선 쁘띵까까오 산골짜기를 막아서 양어장을 만들었고, 치어(稚魚) 수백 마리를 사서 양어장에 풀어놓았습니다. 그런 다음에 양어장 관리를 쁘띵까까오교회에 이를 위임하였는데, 벌써 6개월 전의 이야기입니다. 그때 폴라교회에도 돼지 새끼 3마리를 사서 분양하였습니다. 사료도 사 주었습니다.

이번에 가서 둘러본 양어장과 돼지 새끼 사역은 매우 양호한 상태였으므로 감사기도가 절로 나왔습니다. 그들 교회의 목사님들에게 한 부탁의 말씀은, 아무리 어려워도 물고기를 판다거나 돼지를 팔아서 먹으면 안 된다고 단단히 교육하였습니다.

한 번 갔다 오면 7일~10일이 걸립니다. 그러나 그들이 이렇게 해주면 모두가 자립할 수 있으려니 하고 믿는 마음이었기에, 몸은 비록 피곤하지만 감사 찬송을 부르며 오가는 길이기에 피곤한 줄도 모릅니다. 호숫가, 바닷가, 산골짜기, 산등성이 할 것 없이 밀림 속 오지(奧地)를 헤매며 다닐 때, 선한 목자 되신 우리 주님은 영육 간에 항상 우리의 안전을 지켜주시니… 아멘! 할렐루야! 감사 찬송으로, 갔던 길을 가고 또 가곤 하는 것입니다. 그리고 집으로 돌아와서는 그간의 성과를 놓고 부부가 둘이 앉아서 토론 겸 평가회를 실시하기도 합니다. 그럼 다음 우리 두 부부는 새까맣게 탄 얼굴과 팔과 다리, 피부를 서로 벗겨주면서 환히 웃기도 하였습니다.

금년도 상반기(上半期) 사역은 하나님 은혜 중 잘 진행되고 있습니다. 밀림 속 쁘띵까까오(Puting CaCao) 교회는 공사를 완료하고 헌당 예배를 드렸으며, 지난해 12월 초순에 태풍으로 붕괴되었던 세 교회 중 갈린가곤(Calingagon) 부족 교회와 로하스(Jesus Chist My Savior)교회는 이미 공사를 완료하고 입당 예배를 드렸습니다. 그렇지만 미전도 종족(Unreached Peoples) 중 하나인 망얀부족(Mangyan Tribal) 선교의 전초기지요, 관문 교회였던 마루보(Marubo) 교회는 교회 부지 문제 등, 후원자가 없어서 아직 허물어진 채 그대로 빈터만 덩그러니 남아있는 모습입니다.

자활(自活) 프로그램도 잘 진행되고 있습니다.

첫째는 양어장(養魚場) 사역인데, 양어장은 산골짜기 물길을 막아서 조성한 것입니다. 지난해 분양한 치어(稚魚)들이 큼직하게 자라서 수백 마리 뛰노는 것을 볼 때 희망을 가지고 앞으로는 이를 타 교회로 더 확대해 나갈 계획입니다. 하지만 새끼 돼지 사역은 실패한 것과 다름없이 지지부진하여 안타깝기만 합니다. 이는 지난해부터 각 교회에 우선 새끼 돼지 3~4마리씩을 분양하면서 3개월분 사료를 같이 사 주었으나 그 3개월이 목회자들에게는 참 힘든 세월이더군요.

3개월이 지나니 목회자는 쌀이 없어서 굶다시피 하는데 돼지만 밥을 먹고 살고 있는 형국이 되어서, 교회 형편상 부득이 돼지를 팔아서 목회자들의 식생활을 해결할 수밖에 없는 경우도 없지 않아 있었습니다. 좀 형편이 나은 일부 교회에서는 엄청 사료가 들어가는 어미 돼지를 팔고 새끼 염소를 구입해서 사육하는 개선책을 내놓기도 하였는데….

염소는 돼지와 달라서 자기들 마음대로 이곳저곳을 다니면서 풀을 뜯어 먹기에 사료가 필요 없기 때문입니다. 그래서 앞으로는 새끼 돼지 분양보다 새끼 염소 분양이 더 효과적이라고 보아서 그렇게 개선해 나갈 계획입니다.

룸보이 산(Lumboy Mt.)의 망얀부족교회는 이번에도 가보지 못했습니다. 왜냐하면, 그곳 망얀부족교회를 담임하고 있는 엘리야스(전 망얀부족 추장)가 그의 시종과 같이 산을 타고 내려와서 산행 절대 불가를 통보해 왔기 때문입니다. 그 이유는 현재 정착을 시도하고 있는 망얀부족 간에 지역경계(地域境界) 분쟁이 촉발되어(지난 4월 셋째 주간) 현 추장(酋長) 등 3명이 NPA(신인민군)에 의해서 살해되었기 때문입니다.

그러면서 엘리야스(Ptr. Elias Bilog)는 현재 살인마들인 신인민군이 룸보이 산을 장악하고 있으므로 산에 오르지 않는 것이 좋겠다고 하는 것이었습니다. 외국인 비호(庇護) 세력인 줄 오인하여 무차별 공격할 소지가 많다는 것입니다. 그래도 좋다면 가기는 가겠으되, 여자인 백 선교사는 안 된다면서… NPA가 나타나면 도망갈 수가 없다고 하였습니다.

그렇습니다. 어쩌면 우리가 비겁한 지도 모릅니다. 그래서 우리는 이 시점에서 만용으로 우리의 순교(殉敎)를 앞당길 것이 아니라 좀 더 살아남아서, 좀 더 사명을 감당하기로 작정하고 산에 오르지 않았습니다. "주여! 우리의 용기 없음을 탓해주시고, 우리의 믿음 없음을 용서하옵소서! 하지만 다음 기회엔 꼭 가겠습니다. 어떤 위험이 있더라도 '죽으면 죽으리다!'라는 일사각오로 갈 것이오니… 주여, 그때까지만 참아주옵소서!"라고, 우리는 우리의 거처가 있는 마닐라로 돌아와서 통회·자복할 수밖에 없었습니다.

- 기도를 부탁드립니다.

1) '새끼 돼지 보내기 운동' 등, 교회 자립을 위해 추진하고 있는 자활 프로그램이 시험으로 끝나는 일 없이 은혜 중에 열매 맺을 수 있도록!

2) 미전도 종족인 만살라이 망얀부족 선교의 전초기지요, 관문 교회인 마루보교회의 신속한 재건을 위해서!

3) 밀림 속의 유랑자들인 망얀부족들이 정착을 시도하고 있는 과정에서 시기, 질투, 살생을 그치고, 그리스도 안에서 한 형제가 될 수 있도록! 그리고 그곳에 세워진 룸보이 부족 교회가 영육 간에 그의 사명을 잘 감당할 수 있도록!

4) 매년 1회 실시하고 있는 '필리핀 목회자 초청 세미나'가 금년으로 제11회를 맞이하게 됩니다. 강사 초빙 등 금년에도 필리핀 목회자 초청 세미나가 차질 없이 집행될 수 있도록!

5) 현재 건축 중인 교회는 마닐라 소재 뿌갓라윈(Pugad Lawin) 교회입니다. 공정 80%를 보이고 있사오니, 이 교회의 준공을 위해서도 기도해 주시기를 부탁드립니다.

감사합니다. 기도로, 혹은 물질로, 앞으로도 계속하여 후원해 주시기를 진심으로 부탁드립니다. 최선을 다하는 선교사가 되겠습니다.

2005년 5월 2일
필리핀에서 백삼진 선교사 드림

망얀부족을 향해 달려갑니다

† 새소망교회 나성균 목사님에게

우리의 구원자 되시며 선교의 주체가 되시는 주님의 이름으로 문안드립니다.

1) 저희가 필리핀에 선교사로 파송(1991년 백삼진 전도사 파송, 2000년 최정인 목사 파송)되어 사역을 담당해 온 지도 벌써 15년이 되었습니다. 그간 교회 개척 20개, 건축 12개, 유치원 개설 7개, 세미나 개최 12회 등, 여러 분야에 걸친 사역을 담당해 왔으나 1998년부터는 선교의 최종 목표라 할 수 있는 미전도 종족 선교를 핵심 사역으로 정하게 되었고, 오늘에 이르기까지 저희는 미전도 종족인 망얀부족(Mangyan Tribe)들이 살고 있는 민도로섬(Mindoro) 산악지대의 밀림 속 오지를 찾아 헤매는 사역에 주력해 왔습니다.

2) 결과 룸보이(Lumboy Mt.) 산악지대의 추장(酋長)이었던 엘리야스(Elias)가 예수님을 구주로 영접하게 되었고, 스스로 룸보이교

회를 설립하여 자신의 부족을 예수님께 인도하는 등 선교의 길이 열렸으며, 그 외 갈린가곤(Calingagon) 부족교회, 까발루와(Cavaluwa) 부족교회 등 3개의 교회를 개척할 수 있었습니다. 그러나 아직도 갈 곳이 너무나 많습니다. 산악지대 깊숙한 곳에 얼마나 많은 사람이 숨어서 살고 있는지 아무도 모릅니다.

3) 1990년도 통계에 의하면 이 망얀부족은 전체 인구 6천 명으로 추정하고 있으며, 5~10가정 중심으로 밀림 속 산악지대에서 초막을 짓고 원시인처럼 은신하여 살고 있는데, 그것이 그들의 생활 기본 패턴이고, 저희가 조사한 바에 의하면 이런 형태의 주거지역이 만살라이(Mansalay) 산악지대에만 해도 86개 마을이 형성되어 있었습니다. 이들의 생업은 주로 야생 열매 채집이며, 원시적인 형태의 직물 등 간단한 수공업 형태가 전부입니다.

4) 저희는 이들 마을을 다 찾아갈 수 없습니다. 그들도 또한 산맥과 골짜기, 물길이 가로막혀서 서로 만날 수도 없습니다. 그러나 단하루 서로 만날 수 있는 날이 있습니다. 그것은 매주 목요일 그들 부족이 서로 만나 물물 교환을 하는 시장이 서는 날입니다. 저희는 미련하게도 오랜 세월이 지난 다음에야 그날이 바로 망얀부족에게 복음을 전할 수 있는 최적기의 날임을 깨닫게 되었습니다. 그런데 그들은 쉽게 접근할 수 없는 미지의 사람들입니다. 그 가운데는 반정부 활동을 주도하고 있는 신인민군(New People

Army) 간부들도 있습니다. 그리하여 망얀부족 전 추장인 엘리아스(Ptr. Elias Bilog)와 까발루와 지역 추장인 델핀(Chief Delpin Sabino)과 의론하였습니다. 의론 결과 가장 좋은 전도 방법은 무료 급식 사역을 해당 시장터에서 운영하는 일이었습니다.

5) 이에 나 목사님과 새소망교회 선교부에 아래와 같은 내용으로 청원을 드립니다. 산지족이요, 미전도 종족이요, 원시인처럼 아무 목적 없이 살고 있는 망얀부족의 복음화를 위해 귀 교회에서 시장 터에 급식 사역소를 설치하여 주실 것과 이에 필요한 급식비를 지원해 주실 것을 청원드립니다. 그리하면 무료 급식을 실시하는 그날에 일반 망얀족들은 물론, 그들의 리더들인 86개 마을의 촌장들과 교분을 쌓는 등 호혜적인 관계를 구축할 수 있겠으며, 그들의 시장터를 복음화 기지로 활용할 수 있게 됨은 물론, 미전도 종족인 6천 명 망얀부족들의 영혼 구원을 위해 밀림 속이든 오지(奧地)든, 어디든 가서 복음을 전할 수 있게 될 것이오니 이 일이 성취될 수 있도록 지원하여 주시기를 부탁드립니다.

① 행사 일정

위치	장소	급식일	배식	대상	인원	비고
민도로섬 밀살라이	시장터	격주 목요일	점심	망얀부족	1회 400명 연인원 800명	400명× 2회

② 예산 (월)

급식 일수	급식 인원	급식내용 및 급식비(1회)	비고
월 2회 (격주 목요일)	800명 (1회 400명 ×2회)	1) 쌀 2가마: 3,600페소 2) 빤식(잡채): 7,000페소 3) 차량비: 1,500페소 4) 가스비: 500페소 5) 기타: 1,400페소 계: 14,000페소($ 250)	총계: 매월 28,000페소 (14,000×2회) $ 500 ($1=55페소)

주후 2005년 7월 28일

민도로섬 룸보이 산등성이 룸보이교회에서 1박하면서

백삼진 선교사 올림

제5장

생 명

내 말을 듣고 또 나를 보내신 이를 믿는 자는

영생을 얻었고 심판에 이르지 아니하나니

사망에서 생명으로 옮겼느니라. 요한복음 5:24

카탄두아네스섬으로 갑니다

† 백석대학교 장종현 총장님 귀하

예수님의 탄생하심과 새해를 축하드리오며, 우리의 구원자 되시며 선교의 주체가 되시는 주님의 이름으로 문안드립니다. 저희는 하나님의 크신 은혜와 축복 가운데 모두 평안하오며, 총장님의 각별하신 기도와 관심 속에서 맡은바 사역에 최선을 다하고 있습니다.

1991년에는 백삼진 전도사(총회 파송 여자 선교사 1호)가, 2000년도에는 최정인 목사가 각각 이곳에 선교사로 파송을 받고 사역을 감당해 온 지도 15여 성상에 가까운 지금입니다. 그러다 보니 저희의 사역도 크게 확장되어 교육 사역을 비롯하여 토착 교회 개척 20여 곳, 교회 건축 12곳, 유치원 개설 8곳 등, 여러 사역에 관여하게 되었습니다. 따라서 이곳에서 교육을 받은 교역자들이나 신앙생활을 하고 있는 원주민 성도들도 하나님의 성호를 찬송하는 소리를 날마다 높이 부르게 되었습니다.

카탄두아네스섬으로

지난 11월 하순에는 선교지 확장을 위해서 카탄두아네스섬(Cata
nduanes Isl.)에 다녀왔습니다. 이 카탄두아네스섬은 필리핀 중부에
서 동쪽으로 태평양에 돌출해 있는 섬인데, 크기는 저희의 주(主) 사
역지인 민도로(Mindoro) 섬의 10분의 1쯤 되고, 마닐라에서 왕복 30
시간이 걸리는 원거리의 외딴섬입니다.

그곳 앞바다는 태풍 다발 지역으로 너무나 유명한 곳입니다. 매해
우리나라를 강타하고 있는 태풍은 대개 이곳에서 발생하여 북상하게
됩니다. 그래서 그런지 마을의 집 처마들이 얕고 야자수들도 태풍 때
문인지 키들이 작아서 모두가 희한하게 느껴지는 풍경들입니다.

산 안드레스 포구에서 배를 타고

카탄두아네스섬으로 가려면 산 안드레스(San Andres) 포구에서 배
를 타고 가야 합니다. 배로 3시간 걸리는 거리입니다. 그곳에는 저희
의 사역자가 개척한 교회가 두 곳이나 됩니다. 왜 저희가 개척한 교
회가 아니라, 저희 사역자가 개척한 교회냐고요? 그렇습니다. 이렇게
그들을 가리켜 저희의 사역자라고 말씀드리는 것은 사역자들이 모두
저희가 개설했던 성경학교(1993~1999)에서 공부한 학생들이었기 때문
입니다. 그들은 FOGCF(Family of God Christian Fellowship) 교회
의 도밍고(Ptr. Domingo Sabalza) 목사님과 까랑한(Carangan) 교회
의 조셉(Ptr. Joseph Zuniega) 전도사, 그렇게 두 사람입니다.

기적이 아닐 수 없습니다. 그런데 이런 경우는 어찌 카탄두아네스 섬뿐이겠습니까? 그때 출석했던 학생들은 공부를 마치고 모두 그들의 고향인 각지, 각 도서(島嶼)로 흩어져서 돌아갔는데, 민도로섬을 비롯하여 레이테섬으로, 파나이섬으로, 롬블론섬으로, 민다나오섬 등지(等地)로 들어가서 복음 전파와 교회 개척에 최선을 다하고 있는 저희의 동역자들인 것입니다.

한국 선교사 첫 상륙

카탄두아네스 섬에는 아메리카 미션이 세운 교회가 1곳 있으나 아직 한국 선교사의 발걸음이 미치지 않은 미전도 지역이요, 미개발 지역입니다. 야트막한 산속에는 버려진 채로 남아있는 종류동굴(3km)이 있으며, 물줄기가 우렁차게 쏟아져 내려오는 삼단(三段) 폭포가 있어서 경관이 수려한 섬이기도 합니다. 주민들의 생활은 대체로 풍요합니다. 주(主) 산업은 양식업인데, 4면이 바다로 둘려있어서 양식장(Fish Farm)이 바닷가에 들판처럼 펼쳐져 있는 것이 깊은 인상을 주었습니다.

그러나 무엇보다 중요한 것은 이곳 섬에는 아메리카 미션과 저희들이 개척한 교회를 합쳐서 모두 3곳의 교회밖에 없으므로, 우리에게는 이곳이 선교의 황금어장과 다름없다는 사실입니다. 그리고 하나님께서 만세 전에 구원하시기로 예정하신 많은 영혼이 아직까지 예수님의 이름은 들어보지 못한 채 죽어가고 있다는 사실입니다.

밤을 새우며 가는 길

그런 카탄두아네스섬을 필리핀 사역자인 엘멜(Rev. Dr. Elmer Sarmineto) 목사님과 같이 다녀왔습니다. 가는 길은 마닐라에서 버스를 타고 12시간, 다시 배를 갈아타고 3시간 걸려서 가야 하는 멀고도 지루한 길입니다. 여느 선교지보다 더욱 피곤을 느끼는 것은 마닐라에서 출발하는 버스가 밤에만 있기 때문에 그런 것 같습니다. 그러나 밤을 새우며 먼 길을 오고 갈 때 몸은 비록 피곤하지만 여호와 이레! 사역을 감당케 하시려고 부족한 저희를 그토록 먼 낙도까지 보내주시고 가게 하시는 하나님의 역사하심과 축복하심에 진심으로 감사를 드립니다.

그런데 또 다른 '저희 사역자'가 있는 사마르섬(Iala han Samar)까지는 마닐라에서 편도 20시간, 레이테섬(Pulo ng Leyte)까지는 마닐라에서 편도 27시간이 걸리는… 밤과 낮을 헤아리며 가야 하는 더욱더 머나먼 선교의 길이 되겠습니다.

카탄두아네스 섬을 복음화할 수 있도록 기도해 주시기를 부탁드립니다. 카탄두아네스의 산 안드레스 포구에서 복음 사역에 최선을 다하고 있는 FOGCF(Family of God Christian Fellowship) 교회의 도밍고(Domingo Sabalza) 목사님과 까랑한(Carangan) 교회의 조셉(Joseph Zuniega) 전도사의 건강과 영력 충만을 위해서 기도해 주시기를 부탁드립니다.

이름 없는 사역자들

그 밖에 저희의 사역자가 바이블 스터디에 참가하여 교육을 받고 나가서 교회를 개척했다든가 교회 개척을 위해 예배를 드리고 있는 각 섬의 지역과 책임자는 다음과 같습니다.

① 민다나오섬(Mindanao Island):

틸티란(Tiltilan 'Tribal Com.munity) 모임/마리오 파조 전도사 (Ptr. Mario B. Pajo)

② 민도로섬Mindoro Island):

산체도로(SanTeodoro) 모임/다르베바에(Sis. Darve V. Bae)

산토 테르시타(Santo Tersita) 모임/유안 비록(Bro. Yuan Bilog)

파로라 로하스(Parola Roxas) 모임/마메르토 켈란 전도사(Ptr. Mamerto Guillan)

③ 파나이섬(Panay lsland):

까티클란(Catiklan) 모임/로베르토 비센테(Bro. Roberto Vicente)

④ 레이테섬(Leyte Island):

타클로반(Tacloban) 모임/디오니시오 조엘(Bro. Dionisio Joel)

⑤ 롬블론(Romblon Island):

산타 마리아(Sta. Maria) 모임/로미 올베(Ptr. Romualdo C. Orbe)

어떤 사람들이 말합니다.

"이제 필리핀선교는 끝났다. 더 갈 곳이 없다. 왜냐하면, 이미 필리핀은 전국이 복음화되었으므로!"라고 합니다. 심지어는 선교부 책임자까지도 아무 주저 없이 말하는 것을 듣게 됩니다.

왜 그런 통계가 나왔는지 알 수 없습니다. 가야 할 곳이 너무나 많은데 말입니다. 깊은 산골짜기, 외딴섬들이 방치된 채로 그대로 남아 있는 데가 너무나 많고, 예수님의 이름을 들어보지도 못하고 죽어가는 영혼들이 저렇게 많은데 말입니다.

2006년도 선교 계획

위에 열거한 섬들과 지역은 2006년도 개척을 위해 기도하고 있는 지역과 교회들이오니 특별히 기도하여 주시기를 부탁드립니다. 그리고 앞으로는 '저런 원거리 지역 선교를 위해서는 차량이 필요하겠고, 낙도(落島) 선교를 위해서는 낙도에서 또 그 주변 조그마한 섬들을 순회하면서 전도할 수 있는 1천만 원 정도의 선교용 배도 필요하겠구나!' 하는 생각을 하게 됩니다. 이를 위해서도 기도해 주시기를 부탁드립니다.

이러한 여러 사실을 고지하면서 동료 선교사에게 기도를 요청했더니 "선교사님은 지역구(地域區)가 아닌 전국구(全國區) 선교사요?!" 하는 말까지 듣게 되었습니다. 그것이 칭찬의 소리인지 비난의 소리인지 저희는 알 길이 없으나… 어찌하오리까? 욕심 때문이 아닙니다.

오래전에 공부한 그때 그 학생들이 지금은 자기 나름대로 사역을 감당하려고 전국 각지로 나가서 저렇게 열심히 활동들을 하고 있으니

… 산골짜기, 늪지대, 낙도… 어디든, 누구를 통해서든, 필리핀 전역이 복음화될 수 있도록 기도해 주시기를 부탁드립니다. 그래서 이번에 그 첫 번째 사역으로 다녀온 곳이 카탄두아네스섬이 되겠습니다. 할렐루야!

"두렵도다 이곳이여 다른 것이 아니라 이는 하나님의 전이요 이는 하늘의 문이로다(창세기 28장 17-18)."

주후 2005년 12월 20일
까타두아네스 FOGCF교회에서 1박을 하면서,
만삭되지 못한 늦둥이 제자 백삼진 선교사 드립니다

낙도 선교를 위하여

† 안디옥교회 김광영 장로님에게 드리는 글

속담은 아니더라도, 흔히들 주고받는 말에 "깜둥이 세수하나 마나."라는 말이 있습니다. 이는 사람의 얼굴이 너무나 새까매서 하는 말이겠습니다. 그런데 그것이 오늘날 우리가 하고 다니는 얼굴의 모습이 되겠습니다. 선교지, 특히 외딴 섬(落島)에 오래 나가있다 보니 민도로섬 사역을 위해 다닐 때와는 류(類)도 아니게 제 모습은 '깜둥이 세수하나 마나.'가 되었고, '깜둥이 화장하나 마나.'가 되었습니다. 자랑이 아닙니다. 주님은 십자가까지 지셨는데, 그까짓 얼굴이 타서 새까맣게 망가진들 무슨 소용됨이 있겠습니까.

1) 롬블론섬

낙도 선교(落島宣教)를 시작했습니다. 이미 몇 차례 선교 편지를 통해 기도를 부탁을 드린 바 있는 비사야(Visayas) 제도의 섬 중 하나인 롬블론섬(Romblon Isl.)의 개척 사역입니다. 그곳으로 가는 길은 마닐라에서 배를 타고 12시간 걸려서 밤새워 가야 하는 바닷길입니다. 한국 선교사로서는 저희가 지난 4월에 처음으로 상륙하였고, 9월 초순부터는 그곳(롬블론)의 선교를 위하여 산속에 교회 터를 정하고…. 사실은 그 산속에 한 사람의 교인도 없었는데, 기도하면서 교회부터 짓기 시작하였습니다.

그런데 이게 웬일입니까? 교회를 짓기 시작한 다음 날부터 어떻게 소식을 듣고 왔는지, 이곳 롬블론에서 사역하고 있는 현지 사역자들이 저희를 찾아와서 봉사하기도 하고 격려도 하면서 당신들의 교회 후원도 부탁하는 것이 아니겠습니까?

이유는 간단했습니다. 이 교회의 담임으로 내정하고 있는 메네스(Ptr. Menes) 목사님의 딸이 이곳 롬블론방송국의 아나운서였고, FM 아침방송을 진행하면서 "지금 한국의 선교사가 롬블론에 와서 헌신적으로 교회를 세우고 있다."라는 사실을 자랑삼아 방송으로 내보낸 결과입니다. 그 방송을 듣고 사역자들이 여기저기에서 달려왔던 것입니다.

오! 하나님의 섭리하심과 인도하심이 어찌 그리 크고 놀라우신지요? 그래서 우리는 그것이 "여호와의 산에서 준비되리라(창 22:14)"는 말씀의 응답으로 알고, 교회 이름을 Prayer Mt. Church라고 하였습니다. 지난 9월 둘째 주 입당 예배 때에는 하객을 포함하여 37명이 예배를 드렸고, 셋째 주일 예배에는 신입 교인 17명이 등록하고 예배를 드렸습니다.

2) 롬블론섬의 위성 섬, 코브라도르섬

우리는 교회 건축 중에 많은 사역자를 접견하였는데 그들 사역자의 말을 다 경청하였고, 그들의 말들을 대체로 수용하기로 하였습니다.

또 시간을 할애하여 그들의 사역지를 방문하기도 하였는데, 첫 번째 방문지는 코브라도르섬(Cobrador Is1.)이었습니다. 그 섬은 롬블론섬이 거느리고 있는 3개의 위성 섬 중 한 곳인데, 롬블론섬에서 배를 타고 1시간쯤 가야 하는 전혀 가깝지 않은 작은 섬입니다.

그런데 바다를 건너 코브라도르섬에 다가갈 즈음 무엇보다 우리를 놀라게 한 것은 바다 위로 불끈 솟아있는 바위가 대리석(大理石)이요, 바닷속 바닥에서 흰빛으로 번쩍번쩍 빛나고 있는 것이 모두 대리석 군(群)이 아니겠습니까?

그랬습니다. 이곳 롬블론이 바로 필리핀이 자랑하는 대리석의 산지(産地)였던 것입니다. 배에서 내리니 투명할 만큼 맑은 해변의 하얀 모래밭! 그것은 온통 산호초가 부서져서 된 것들의 장관인지라 감탄할 수밖에 없었습니다. 필리핀이 자랑하는 세계 3대 수양지 중 하나인 보라카이 섬보다 더하면 더했지 못할 바 없는 천혜의 아름다운 섬이 바로 코브라도르섬인 것입니다.

교회는 교회 터만 잡아놓은 채 기도하고 있었고, 예배는 대나무로 지은 엘모(Ptr. EImo Mojar)의 집에서 드리고 있었습니다. 그것이 이섬의 유일한 교회의 모습이었습니다. 섬 주민은 모두 3백여 명인데, 맑고 소박한 어부들이었습니다. 외국인이 처음으로 온 때문인지 모두 반갑게 맞아주었고, 이곳의 특산물인 수박(속살이 황금색이다)과 아티스를 대접해 주었습니다. 우리는 몇 사람의 교인과 주민, 그리고 우리를 인도한 따따이 바동(Bro. Tatay Bagong) 할아버지와 함께 둥글게 손을 잡고 기도를 드렸습니다. "주여! 코브라도르섬에 처음으로 왔습니다. 이 섬을 복음화하게 하시고, 이곳에 성전을 세움으로써 낙도선 교의 효시(嚆矢)를 이루게 하소서!"

3) 롬블론섬의 위성 섬, 알라드섬

다음으로 찾아간 섬은 알라드섬(Alad Isl.)입니다. 이 섬 또한 롬블 론 섬의 위성 섬 중에 한 섬이 되겠습니다. 바닷가에 터를 정하고 예 배를 드리고 있었는데, 코브라도르섬과는 달리 바닷가는 온통 자갈 이 깔린 척박하기 그지없는 곳이었습니다. 뒤편이 야자수가 밀집되어 있는 산이었으므로 성전 터를 더 넓힐 수도 없었습니다.

이곳에도 교회를 짓기로 약정을 하였습니다. 시멘트만 지원해 달 라고 해서 그리하라고 하였습니다. 그러면서 의심스러운 듯 나는 "모 래와 자갈은 왜 신청하지 않느냐?"라고 했더니, 헐버트(Ptr. Herbert Mendoza) 전도사가 웃으면서 말했습니다. "보세요. 바닷가에 모래와 자갈이 온통 널려 있지 않나요?" 할렐루야!

이렇게 해서 우리들의 낙도 선교가 시작되었습니다. 롬블론 주(州)의 롬블론섬에 한 곳, 코브라도르섬에 한 곳, 알라드섬에 한 곳…. 그렇게 3 곳에서 낙도 선교를 시작하게 되었던 것입니다. 집계에 의하면 현재 필리 핀에는 7,109개의 섬이 있고, 그중에 1천여 개의 섬에서 사람들이 살고 있다고 합니다. 그런데 지도상에 나타난 큰 섬은(롬블론 섬을 포함하여) 불과 15개 섬에 불과합니다. 나머지는 전부 낙도의 범주에 넣을 수 있는 작은 섬들이 되겠습니다. 낙도에 교회가 있느냐? 교회가 거의 없습니다. 선교사가 다녀갔느냐? 다녀가지 않았습니다. 부족하나마 저희가 이제 복음의 불모지인 낙도들을 향하여 첫걸음을 내던지게 되었습니다.

김 장로님! 도와주세요. 성경책도 많이 보내주시고, 낙도 선교를 위해서 특별히 기도해 주세요. 감사합니다.

– 기도를 부탁드립니다.

1) 롬블론섬, 특히 롬블론섬의 위성 섬인 코브라도르섬과 알라드섬의 복음화를 위하여!

2) 오지(奧地)와 밀림 속, 바다를 오고 갈 때의 건강과 안전을 위하여!

3) 평생(平生) 100교회 개척과 100교회 건축을 위하여 기도하여 주시기를 부탁드립니다.

2006년 9월 23일
필리핀 롬블론 롬블론에서, 백삼진 선교사 드림

낙도 선교의 시련과 위기

† 대신세계선교회(DMS) 귀중

긴급기도 요청입니다. 저희가 살고 있는 마닐라 단칸방에 선교지의 비보가 속속 도착하고 있으니… 선교를 시작한 이래 또 한 번의 시련과 위기를 맞고 있음을 말씀드리지 않을 수 없습니다. 그 하나는 로하스교회의 신실한 목자였던 로날드 목사님의 급작스러운 소천이었고, 다른 하나는 까폴라완교회의 젊은 사역자들이 바다에서 실종된 비보이옵고, 또 다른 하나는 롬블론섬의 알라드교회와 코브라도로교회가 태풍으로 전파되었다는 소식입니다.

1) 목회자의 연달은 소천

로하스교회에서 시무하시던 로날드(Ptr. Ronald) 목사님의 갑작스러운 소천은 저희가 선교를 시작한 1991년 이래 다섯 번째 목회자 사망이 됩니다. 이는 다 그들이 밀림과 벽촌, 오지라는 척박한 환경 속에 기거하면서 가난해서 먹지 못하고 병들었으나 치료받지 못한 채 오직 목회에만 전념해 온 까닭이온데, 돌이켜 보면 이 모두는 저희가 토착 교회 개척에만 열성을 쏟았을 뿐, 선교사인 저희가 그들을 개인적으로 지원하지 못했기 때문이었다고 하겠습니다.

첫 번째는 1998년도에 마닐라 외곽에서 빈민촌 목회를 하던 사미(Rev. Samuel Camala, 37세) 목사님이 저희와 같이 도서지방 선교 정탐을 마치고 돌아와서 심장마비로 사망한 일이었고, 두 번째는 2003년도에 마닐라에서 북쪽으로 100km 떨어진 봉아본 벽촌에서 복음 사역을 펼치던 베드로(Rev. Peter, 46세) 목사님이 고혈압으로 사망한 일이었고, 세 번째는 2005년도에 쁘띵까까오 산 밀림 속에서 부교역자와 기타리스트로 봉사하던 토마스(Assi. Ptr. Thoms, 63세) 전도사님이 폐렴으로 사망한 일입니다. 네 번째는 2006년도에 까폴라완 해변교회에서 시무하던 갈라바요(Rev. Vicente V. Galabayo, 75세) 목사님이 노환으로 별세한 일입니다. 그리고 이어서 지난 6월 4일에는 젊은 목회자였던 로날드(Ptr. Ronald Minaño, 41세) 목사님이 건강상 아무 염려가 없었는데도 취침 중 하나님의 부르심을 받게 되었던 것입니다.

그러나 하나님의 특별하신 섭리로 사미 목사님이 사역하던 까마린 가든교회(Camarin Garden Church)는 전도사로 있던 벤지(Ptr. Benjie Ablong) 목사님이 대를 이어서 목회를 하고 있으며, 토마스 전도사님이 사역하던 쁘띵까까오교회(Puting Cacao Christian Church)는 원목이었던 가웬(Pr. Gawaine) 목사님이 건재함으로 아무 염려가 없습니다. 까폴라완교회(Capolawan Christian Church)는 갈라바요 목사님 소천 후에 엘더(Elder)였던 제마 전도사(Ptra. Jemma)님이 사역을 계속하고 있습니다. 그러나 베드로 목사님이 사역하던 봉아본교회(Bongabon Mission Church)는 목회 지망자가 없어서 폐쇄되었습니다.

그리고 이번에 불의에 상을 당한 로하스교회(Jesus Christ My Savior Church)는 사모인 마리린(Ptra. Marilyn, 33세)이 강단을 맡아서 설교도 하고 유치원을 운영하는 등 교회를 맡아서 하기로 하였습니다. 그러나 지금보다도 앞으로 더 어려움이 예상되고 있는 교회가 바로 로하스교회입니다. 왜냐하면, 그들에게는 슬하에 2남 2녀의 어린 자녀(11세, 10세, 9세, 8세)들이 있는 것 외에 임신 3개월 된 유복자도 있기 때문입니다. 특별히 이들을 위해서 기도해 주시고 교회가 튼튼히 서 갈 수 있도록 특별히 지원해 주시고 기도해 주십시오.

2) 까폴라완교회의 시련

까폴라완교회에 위기가 닥친 것은 벌써 두 달 전의 일입니다.

고기잡이 중 교인들이 파도에 휩쓸려서 실종되었는데, 실종된 사람들은 까폴라완교회의 여교역자인 제마(Ptra. Jemma)의 아들 존존 토리비오(Bro. Jonjon Toribio)와 부교역자인 엘리아스(Assi. Ptr. Elias)의 아들 에릭 토리비오(Bro. Eric Toribio)이며, 교회의 송 리더(Song Leader of The Church)였던 다윈 렐로(Bro. Darwin Rello) 등 3명입니다.

이들은 바다에 놀러 갔던 것이 아닙니다.

이들은 모두 어부요 가장들인데, 생업을 위해 바다에 나갔다가 태풍을 만나 어선이 전복되어서 실종된 것입니다. 그렇게 실종된 것이 벌써 두 달 전의 일인데, 실종된 후 아직도 그들의 시체를 찾지 못하고 있어서 가족과 교인들이 애를 태우고 있는 것이 이곳의 실정입니다. 그들 중 두 명은 모두 목회자의 아들들이었고, 다른 한 명은 찬양대를 책임지고 있는 송 리더로서 예배를 인도하고 봉사하던 교회의 듬직한 기둥들이었습니다. 그런데 갑작스러운 일기 변동으로 태풍이 고기잡이하던 그들을 일시에 쓸어갔고, 그 후 그들은 아직도 애타게 기다리는 가족과 교회의 품에 돌아오지 못하고 있는 것입니다.

1999년도에 저희가 이 교회를 처음으로 방문했을 때는 허름한 대나무 집에서 단 2명이 모여서 저희끼리 예배를 드리고 있었습니다. 그런데 지금은 전 마을이 복음화되어서 매주 100여 명이 참석하는 대형 교회로 성장해 있었고… 그래서 저희가 한국에 가서 선교 보고를 할 때면 언제나 이 교회를 예로 들면서 성공적인 선교지로 자주 언급을 하던 그러한 교회인 것입니다. 그런데 교회의 중심이라 할 수 있는 청년 3명이 일시에 고기잡이 중에 실종되었으니 교회가 큰 시련 당하게 됨은 물론, '하나님의 뜻이 어디 있는가?'라고 기도하면서도 모두가 좌절에 빠져있는 것이 사실입니다. 그런 가운데서나마 교역자인 제마 전도사님과 부교역자인 엘리야스 전도사님이 말로 다 할 수 없는 슬픔을 안고 그래도 감사하면서 목회를 계속하고 있는 것을 볼 때에 너무나 가슴이 아픕니다. 이 교회의 권속들과 불행을 당한 가정을 위해서 특별히 기도해 주시기를 부탁드립니다.

3) 태풍에 찢기고 할퀸 교회들

이번에 태풍으로 파손된 교회는 알라드교회(Alad Evangelical Church)

와 코브라도르교회(Cobrador Evangelical Church) 등 두 교회입니다.

이 교회들은 저희가 낙도 선교라는 제2의 선교 목표를 정하고 개척한 교회들입니다. 한 곳의 섬에 한 곳의 교회 개척을 목표로 하여 알라드섬(Alad lal.)에는 알라드교회(Ptr. Herbert Mendoza)를, 코브라도르섬(Cobrador Isl.)에는 코브라도르교회(Ptr. Elmo Majar)를 세웠던 것입니다. 이들 교회가 외딴섬 바닷가에 있는 관계상 태풍을 피할 수 없었겠으나 지난 6월 21일 밤에 필리핀 전역을 강타한 태풍은 시브얀(Sibuyan Isi.) 섬(롬블론주) 근해에서 160km에 이르는 엄청난 풍속으로 여객선 Princes of the Star 호(號)를 전복시켰고, 이로 인하여 800여 명이 사망 내지는 실종이라는 사상 최악의 비극을 연출하였던 것입니다.

그즈음 저희는 여객선이 전복된 바다의 인근 섬인 민도로섬의 한 작은 마을인 산 안토니오(San Antonio)에서 사역하고 있었습니다. 폭풍을 동반한 강한 폭우가 밤새 산 안토니오를 강타하여 한잠도 잘 수 없었고, 전기마저 꺼진 암흑천지에서 두려움에 떨기도 하였습니다. 상기 두 교회는 그런 참상을 몰고 온 초대형 태풍의 직격탄을 맞고 파괴된 것입니다. 현지 ANC 방송은 그날의 참상을 며칠이 지난 오늘까지도 실시간으로 계속 방영하고 있음을 말씀드립니다.

벌써 일곱 번째가 됩니다. 우리가 개척하고 성전 건축을 완료했던 교회가 태풍으로 파손되기는 이번이 처음은 아닌 것입니다. 2005년도에는 태풍으로 로하스교회(Jesus Christ My Savor Chruch)와 마루보교회(Marubo Christian Chruch), 그리고 산등성이에 있던 망얀부족교회인 갈린가곤교회(Calingagon Mangyan Church)가 한꺼번에 붕괴되었고, 2006년도에는 밀림 속 쁘띵까까오교회(Puting Cacao Christian Church)가 지붕이 몽땅 날아가는 피해를 입었습니다.

한편 로하스교회는 2차에 거친 교회 전파라는 위기를 맞기도 하였습니다. 그러나 오늘날 이들 모든 교회는 마루보교회를 제외하고는 모두 하나님의 은혜와 축복 속에서 재건할 수 있었습니다. 이번에 붕괴된 알라드교회와 코브라도로교회도 하나님의 특별하신 섭리 가운데서 재건하게 됨을 믿어 의심치 않습니다. 그러하오니 이들 교회의 재건을 위해서도 특별히 기도해 주시기를 부탁드립니다.

4) 기도를 부탁드립니다

저희는 오늘도 속속 날아드는 선교지의 비보와 이의 타개책을 논의하기 위해서 걸려 오는 전화 벨소리에 정신이 없습니다. 달려가서 위로도 해야 하고, 달려가서 태풍에 찢기고 할퀸 교회들을 재건도 해야 하고…. 너무나 할 일이 많은데 일의 중압감 때문에 발걸음이 잘 떨어지지 않습니다. 그리하여 밀림 속 오지 선교, 낙도 선교의 어려움을 실감하고 있는 요즈음입니다.

① 태풍으로 붕괴된 알라드교회와 코브라도로교회 재건을 위해 기도해 주십시오.

② 목회자 자녀들이 실종되어 시련을 겪고 있는 까폴라완교회를 위하여 기도해 주십시오.

③ 목회자의 급작스러운 소천으로 위기에 처한 로하스교회와 유족

들을 위하여 기도해 주십시오.

④ 선교지의 필요 채워주심과 후원의 손길들 모아주심을 위해서 기도해 주십시오.

⑤ 저희의 건강과 영력 충만을 위하여 특별히 기도해 주시기를 간절히 부탁드립니다.

감사합니다. 하나님의 크신 은혜와 축복이 섬기시는 교회와 가정 위에 항상 같이하시기를 축원드립니다.

(집 전화번호가 02-550-8954에서 02-556-4584로 변경되었습니다.)

2008년 7월 일
필리핀 파사이시티 빌라누엘타워 504호에서
백삼진 선교사 드립니다

교회개척 배가운동입니다

† 대신교회 황수원 목사님께(파송 교회)

우리의 구원자 되시며 선교의 주체가 되시는 주님의 이름으로 문안드립니다.

1) 저희, 백삼진 전도사(1992년 2월)와 최정인 목사(2000년 4월)를 이곳에 각각 선교사로 파송하여 오늘까지 서로 협력하면서 사역을 감당케 하신 하나님께 먼저 감사를 드립니다. 그리고 항상 기도와 물질, 관심으로 격려해 주시는 목사님에게 심심한 감사의 말씀드립니다.

2) 저희는 그간도 모두 영육 간에 건강하옵고, 사역도 축복 가운데 여전합니다. 그런데 지금까지 감당해 온 저희의 사역은 어떤 특별한 것이 아니옵고, 저희가 속한 대신세계선교회의 선교 정책과 방향에 준한 것이었음을 먼저 말씀드립니다. 즉, 토착 교회의 개척과 성전 건축 사역을 주사역으로 삼고 있었다는 사실입니다. 결과, 현재 토착 교회 개척 40여 개 교회, 성전 건축 30여 개 교회가 되었습니다.

3) 이에 고무된 저희는 작년부터 기존의 개척 교회를 모교회(母教会)로 하고, 한 교회에서 한 지교회(支教会)를 개척하자는 '교회 개척 배가운동'을 전개하게 되었습니다.

4) 배가 운동의 결과는 아래 도표와 같습니다. 10개 교회를 새로 개척하였으며, 새로 믿기로 작정한 사람들은 334명입니다. 이에 그간의 성과를 아래의 도표와 같이 보고드리오며, 계속 기도하여 주시기를 부탁드립니다.

5) 기도를 부탁드립니다
① 열악한 환경 속에서 '교회개척 배가운동'에 동참한 교회(Mother Church)들과 그들이 기도하면서 땀 흘려 성심성의껏 개척한 지교회(Doughter Church)들의 성장을 위하여 기도해 주세요.
② 목회자가 부족한 실정입니다. 교회는 개척되고 성도들은 모여와서 예배를 드리고 있으나 그들을 영적으로 지도할 사역자가 태반 부족합니다. 그것은 그들 교회가 거의 산간벽지에 있기 때문입니다. 신학을 전공한 사역자가 아니더라도, 사명감으로 무장한 '사역자 보내주심'을 위하여 기도해 주세요.
③ 성경책도 부족합니다. 교회(10개 교회) 비치용과 새 신자용(334명)으로 한 교회당 40부~50부(1권 200페소, ₩5,000원)가 필요합니다. 교회 또는 성도들에게 성경을 지급하여 전도와 더불어서 새 신자의 신앙 지표로 성경을 보내주세요.

교회개척 배가운동 교회 현황 및 결과

No	본 교회	개척한 교회	목회자	교회 형태	교인 수	비고
1	Calingagon Christian Church	Puokan Christian Church	Ptr.(본 교회) Leopoldo Cartez	대나무	30명	망안부족
2	Camarin Church	Nueva Vizcaya Christian Church	Ptr.(본 교회) Benjie	하우스	14명	현지인
3	Pahilahan Christian Church	Caratagon Christian Church	Ptr.(본 교회) Rommel Lutitud	시멘트	40명	현지인
4	"	Bayann High Christian Church	Ptr.(토착민) Renato Avelino	하우스	25명	현지인
5	Pola Sitio Banco Church	Pola Sitio Banco III Church	Ptr.(본 교회) Meynardo Axalan	하우스	40명	현지인
6	JCCF Marubo Church	Lamac II Christian Church	Ptr.(토착민) Amin Inggo	대나무	35명	망안부족
7	"	Budburan Christian Church	Ptr.(토착민) Osias Ihoy	대나무	40명	망안부족
8	"	Cupang Christian Church	Ptr.(토착민) Nading	대나무	35명	망안부족
9	"	Iba Waygan Christian Church	Ptra.(본 교회) Edenia Avelino	시멘트	40명	망안부족
10	"	Bugso Christian Church	Ptr.(토착민) David	대나무	35명	망안부족
계	5개 교회	10개 교회	/	/	334명	/

2009년 9월 2일

필리핀 마닐라에서, 백삼진 선교사 드림

교회에 성경이 없습니다

† 오병이어선교회 유병만 집사님에게

  할렐루야! 주님의 이름으로 문안드리며 섬기시는 교회와 가정 위에 하나님의 크신 은혜와 축복이 항상 같이하시기를 기도드립니다. 아뢸 말씀은 다름 아니라 성경책 지원을 위한 청원의 말씀과 기도 제목입니다.

  교회에 성경책이 없습니다. 성경책이 없기는 교인들도 마찬가지입니다. 열 명에 두세 명 정도만 있을 뿐입니다.

  진리의 말씀인 성경책이 없으므로 예배가 잘 이루어지지 않습니다. 신앙생활도 마찬가지입니다. 신령과 진정으로 드려야 할 예배와 신앙생활에 성경책이 없다니요? 없습니다!

  성경책 살 돈이 정말로 없는 것입니다. 이는 목회자나 교인들이 모두가 산간벽지나 낙도에서 가난하게 살고 있기 때문입니다.

  아래에 명시한 교회는 성경책이 없는 교회입니다. 우선 교회 비치용으로 각 교회 20권을 보내주세요. 보내야 할 교회는 저희가 개척해서 섬기고 있는 도서지방의 40개 교회입니다.

귀 선교회의 지교회라 생각하시고, 특별히 지원해 주시기를 부탁드립니다. 올바른 예배와 신앙생활이 이루어지도록 성경책을 지원해 주시기를 청원합니다. 타갈로그어 성경책은 1권에 200페소(5,200원)입니다. 감사합니다. 성경책 보내주심을 위하여 기도하며, 성경책 보내주심을 귀 선교회에 청원합니다.

– 기도를 부탁드립니다.

1) 성경책을 가짐으로 성도들이 더욱 확고한 믿음에 거할 수 있도록 기도해 주세요. –이는 성경책으로서 예수는 그리스도라고 증거하여…(사도행전 18:28).

2) 자신들의 생활 체험을 성경과 비교하면서 항상 성경을 읽고 묵상할 수 있도록 기도해 주세요. –간절한 마음으로 말씀을 받고 이것이 그러한가 하여 날마다 성경을 상고하므로…(사도행전 17:11).

3) 성경만이 참 생명임을 깨닫고 성경 말씀만을 붙들고 살 수 있도록 기도해 주세요. –사람이 떡으로만 사는 것이 아니요. 여호와의 입에서 나오는 모든 말씀으로 사는 줄을 너로 알게 하려 하심이니라(신명기 8:3).

2011년 7월 일
메트로 마닐라 파사이에서, 백삼진 선교사 드림

유방암 수술 후의 선교 사역

† 글로리아교회 안요셉 목사님에게

샬롬! 먼 길을 떠났다가 돌아온 느낌입니다. 집으로 돌아오니 사랑하는 자녀도 있고 친지들도 있어서 큰 위안이 됩니다. 하여, 다시 출발 앞에 서서 사명자의 길을 떠나려는 채비를 합니다. 지난 몇 개월 동안은 제가 병마와 사생결단 싸웠기 때문에 이제는 더 지체할 수가 없다는 생각입니다. 암 덩어리를 부여안고 암 덩어리와 싸우다가 결국에는 유방 한쪽을 떼어주고 말았지만, 그래서 한결 가벼워진 마음과 몸뚱이입니다.

암 덩어리는 선교 초기부터 줄곧 가슴에 품고 살아온 20년 된 암 덩어리였습니다. 기도로 버텨왔으나 그렇게 하는 것만이 하나님의 뜻이 아니라는 생각에 수술을 하였습니다. 때는 바로 주님이 십자가를 지신 고난주간이었습니다. 주님의 고난에 동참하게 하신 하나님께 영광을 돌립니다.

2월에는 CT 스캔, MRI 촬영, 초음파검사 등등, 3월에는 유방 전절제(全切除) 수술, 4월에는 회복과 휴식, 5월에는 선교지 복귀…. 하나님께서 다시 들어 쓰시려고 치유해 주시고 복원해 주셨습니다. 하여, 앞으로는 더더욱 최정인 남편 목사님과 둘이 하나로 선교의 비익조(比翼鳥)와 같은 삶을 살아가려고 다짐해 봅니다.

비익조는 태어날 때부터 암수가 각각 눈 한 짝, 날개 한 짝씩만을 가지고 태어난 비운의 새입니다. 그러나 비익조는 날개든지 눈이든지 언제까지나 둘이 하나로 짝을 맞추어서 서로 부족분을 채워주면서 살고 있는 금술 좋은 새이기도 합니다. 우리도 앞으로 비익조와 같은 그런 모습으로 사역을 감당하게 되기를 기도합니다. 제 유방이 한쪽밖에 없다는 것이 떠올라서 그런 생각을 하였습니다. 위하여 기도해 주시기를 부탁드립니다.

무엇보다 교회 개척 사역과 성전 건축 사역이 정체되지 않고 원활하게 진척되도록 기도해 주세요. 교민과 유학생을 위한 마닐라 생명의 전화 사역 재개를 위하여 기도해 주세요. 다시 출발 앞에 선 것과 같은 덜된 저희를 위하여 기도해 주세요.

감사합니다. 절망의 먹구름 속에서 희망의 빛을 비춰주신 하나님께와 항상 각별한 관심을 가지고 후원해 주시고 기도해 주신 안 목사님께 진심으로 감사의 말씀을 드립니다. 그 전보다 더 열심히 뛰겠습니다.

2012년 6월 일
안양시 동안구 학의로 20 자택에서 백삼진 선교사 드림

부족 선교와 생명의 전화 상담 사역

† 예광교회 이창식 목사님 전

샬롬! 선교의 주체가 되시는 주님의 이름으로 문안드립니다. 섬기시는 교회와 가정 위에 하나님의 크신 은혜와 축복이 항상 같이하시기를 축원드리며 아래와 같이 기도하여 주시기를 부탁드립니다.

– 부족 선교에 대하여

빅토리아 망얀부족(Victoria Mangyan Tribal)을 향한 선교 열정으로 성전을 건축하고 있습니다. 민도로섬(Mindoro Isl.) 중앙에는 큰 산맥이 가로 놓여있는데, 서 민도로섬의 경우는 빅토리아(Victoria)에서부터 만살라이(Mansalay)까지입니다. 그 속에서 얼마나 많은 부족민이 살고 있는지 아무도 모릅니다. 빅토리아교회(Victoria Engel Family Church, Ptr. Eddie Falla)의 지교회로 빅토리아 망얀부족교회(Vicoiria Mangyan Church)를 건축하고 있습니다. 에디 목사님이 조사한 바에 의하면 빅토리아 산간 지역에 흩어져서 살고 있는 망얀부족은 전체 120가정이고, 현재 교회에 출석하고 있는 가정은 25가정입니다. 빅

토리아 망얀부족 개척과 복음화를 위해서 성전을 건축하고 있사오
니, 은혜 중에 준공할 수 있도록 기도해 주시기를 부탁드립니다.

– 다시 부족 선교에 대하여

빅토리아 망얀부족 다음 지역은 글로리아 지역입니다. 글로리아 망얀
부족(Gloria Mangyan Tribal) 선교를 위해서도 기도해 주시기를 청원
드립니다. 여기에도 예배 처소가 필요합니다. 성도들은 있으나 예배를
드릴 장소가 없습니다. 지금 예배드리고 있는 장소는 마을 입구에 서
있는 망고나무 그늘 아래입니다. 대나무로나마 성전을 세우고 예배를
드릴 수 있도록 기도해 주시기를 부탁드립니다. 글로리아 망얀부족
다음 지역은 봉아봉 망얀부족(Bongabong Mangyan Tribal)입니다.
이들은 봉아봉 산맥 속에서 살고 있는데, 대체로 포악스럽다고 해서
현지인도 접근을 꺼리고 있는 실정입니다. 그러나 언제든 이곳을 정
탐하고 복음으로 정복할 수 있도록 기도해 주시기를 부탁드립니다.

– 전화 상담 사역에 대하여

마닐라 생명의 전화를 다시 개설하고자 합니다. '마닐라 생명의
전화'는 1992년~2001년까지 500여 회에 걸쳐서 전화 및 면접
상담이 이루어졌으나 2002년도에 활동을 중지하였습니다. 중지
한 이유는 마닐라에 거주하는 교민들이 자체적으로 '필리핀 생명
의 전화'를 개설하였기 때문이었습니다. 그러나 상기 '필리핀 생명
의 전화'는 운영의 미숙으로 3년 전에 폐쇄되었습니다.

이에 유학생 및 교민을 내담자로 한 '마닐라 생명의 전화' 사역을 재개하고자 기도하고 있습니다. 상담을 전담하게 될 상담원은 최정인 선교사(한국 생명의 전화 8기)와 백삼진(한국 생명의 전화 9기) 선교사입니다. 위하여 기도해 주시기를 부탁드립니다.

- 영육 간의 건강을 위하여

한국에는 지금 한창 꽃들이 피어나는 화창한 봄날이겠네요. '마닐라'라는 뜻은 '숲의 도시·꽃의 도시'라는 이름입니다. 항상 여름이 계속되고 있는 이곳 마닐라에서 한국의 봄을 생각하니 실감은 나지 않으나 잠시라도 향수에 젖게 되는 계절입니다. 금년에도 교회 개척과 성전 건축, 부족 사역과 낙도 사역에 정열을 쏟겠습니다. 중단 없는 사역, 끊임없이 달려가는 선교사가 될 수 있도록 기도해 주십시오. 영육 간의 건강과 부족 채워주심을 위하여 항상 기도해 주시기를 부탁드립니다.

- 하나님께 영광을

특히 감사한 것은 1년 전에 한쪽 유방 도려내는 전절제(全切際) 수술을 받았는데, 아무 이상이 없다는 사실입니다. 3개월에 한 번씩 검진을 받다가 지금은 6개월에 한 번씩 검진을 받습니다. 하나님께 영광을 돌리며 다시 주신 생명, 주님께 드리려고 최선을 다하고자 하오니 배전의 기도와 후원을 부탁드립니다. 감사합니다.

2013년 4월 일
마닐라 파사이 빌라누엘타워 504호에서 백삼진 선교사 드림

원주민 토착 교회를 세운다

할렐루야! 선교의 주체 되시는 주님의 이름으로 문안드립니다. 기도로 혹은 물질로, 항상 후원해 주심에 대하여 감사드리면서, 지난 1, 2분기에 단기 선교팀이 저희 사역지를 2차에 걸쳐서 정탐하고 돌아갔음을 말씀드립니다.

― 선교 정탐에 대하여

지난 3월에는 복된소식선교회(회장 최효식 목사)에서 16명의 사역팀이 파나이섬에 도착하여 배를 타고 가라바오섬과 타블라스섬, 그리고 보라카이섬을 각각 정탐하였습니다. 정탐의 결과는 선교 사역 극대화와 미래 선교의 비전을 공유하는 의미에서 가라바오섬(Carabao Island)을 중심축으로 하고, 인근 섬들인 파나이섬과 롬블론섬, 시부얀섬 등을 복음화하기 위해서 협력하는 것으로 하였습니다.

지난 6월에는 부산 영락교회(윤성진 목사)에서 1, 2, 3, 4 권사회 주축으로 각 권사회 회장 등 18명의 사역팀이 민도로섬에 도착하였

제5장 생 명 · 205

고 빅토리아, 쁘띵까까오, 부투한, 바랑한, 빠히라한, 소고로, 피나 말라얀 등 7개 지역을 정탐하고 현지 사역자들을 위로하였습니다. 정탐의 결과는 선교 활성화를 위하여 무엇보다 성전 건축 사역을 지속적으로 전개해야 한다는 것과 각처의 토착 교회가 스스로 서가는 교회가 될 수 있도록 소와 돼지, 염소 등을 분양해서 자립하도록 해야 한다는 은혜로운 제안과 논의가 있었습니다. 위하여 기도해 주시기를 부탁드립니다.

– 교회 개척에 대하여

1991년 이래 현재까지 저희가 개척한 현지 토착 교회는 루손섬 북부 지역 및 마닐라에 5개 교회, 민도로섬에 30개 교회, 롬블론섬에 6개 교회, 알라드섬에 2개 교회, 코브라도르섬에 1개 교회, 타블라스섬에 3개 교회, 가라바오섬에 1개 교회, 까탄두아네스섬에 2개 교회, 민다나오섬에 2개 교회 등, 전부 52개 교회입니다.

선교사로 파송 받아 선교를 시작할 때 하나님에게 서원했습니다. "100개 교회를 개척하고 100개 교회의 성전을 건축하겠습니다."라고 하여서 지금까지 교회 개척은 1년에 평균 2개 교회를 개척한 결과가 되었습니다. 하나님이 허락하시고 동역자의 기도가 있는 한, 하나님께 드린 서원은 꼭 이루게 될 것을 믿어 의심치 않습니다.

백 선교사의 건강에는 아무 이상이 없습니다. 유방암 수술 이후에 3개월, 혹은 6개월 단위로 추적검사를 받았지만 아무런 이상이 없었습니다. 하나님께 영광을 돌리며, 교회 개척 사역을 더욱 열정적으로 할 수 있도록 기도해 주시기를 부탁드립니다.

– 성전 건축에 대하여

성전 건축은 은광교회(이남태 목사) 지원 40개 교회를 비롯하여 청주 청석교회(김광영 장로) 8개 교회, 인천 포도원교회(강인용 목사) 3개 교회, 대구 대신교회(황수원 목사) 2개 교회, 대전 영음교회(권재천 목사, 노운섭 목사) 2개 교회, 평택 동산교회(이재일 장로, 조영숙 권사) 2개 교회, 수원 중앙장로교회(이경운 목사) 1개 교회, 서울 정원교회(임예재 목사) 1개 교회, 인천 주사랑교회(장상길 목사) 1개 교회, 서울 광명교회(이호성 목사) 1개 교회 등, 상기 교회의 후원을 받아서 61개 교회의 성전을 건축하여 봉헌하였습니다. 태풍으로 전파나 반파된 교회를 재건축한 것까지 합산하면 성전 건축은 전부 70여 차례나 되겠습니다. 너무나 감사합니다. 일을 할 수 있도록 해주셨으니 앞으로도 계속해서 교회 개척과 성전 건축 사역을 수행할 수 있도록 기도해 주시기를 부탁드립니다.

– 부족 사역에 대하여

부족 사역은 민다나오섬과 민도로섬 등 2개의 섬에서 이루어졌습니다. 2000년부터였습니다. 민다나오섬에 2개 교회(수리가오, 빠루악), 민도로섬에 6개 교회(룸보이산, 블란산, 갈린가곤산, 까발루와, 쁘오깐, 라막)의 교회를 개척하였습니다. 그들의 교회는 산속에도 있고, 밀림을 벗어난 산기슭에도 있습니다. 산속에서 살고 있는 사람들은 현대문명을 외면한 채 원시인처럼 살고 있는 사람들이고, 산기슭에서 살고 있는 사람들은 문명 세계를 동경하여 산에서 내려온 정착민들입니다.

부족 선교를 하려면 먼저 추장을 만나야 합니다. 부족 선교의 성패는 추장을 예수 믿게 하느냐 못하느냐에 따라서 좌우된다고 해도 과언이 아닙니다. 추장이 예수를 믿게 된다면 이미 그곳 마을은 복음화된 것이나 다름이 없습니다. 절대 주권이 추장에게 있기 때문입니다. 그것이 부족 선교의 현실입니다.

민다나오섬의 부족은 마마누와부족(Mamanuwa Tribe)이고, 민도로섬의 부족은 망얀부족(Mangyan Tribe)입니다. 그 외 우리가 접근하지도 못한 소수 부족의 수는 필리핀 전역에 100개에 달하고 있습니다. 오늘도 한 걸음, 두 걸음, 예수의 이름은 들어보지도 못한 채 죽어가는 저 불쌍한 영혼들을 향해서 걸어갑니다. 기도로 힘을 실어주시기를 부탁드립니다.

부탁드립니다. 교회 개척 사역과 성전 건축 사역, 그리고 부족 사역이 필리핀 전역, 7,100여 개의 섬에서 지속적으로 열매 맺을 수 있도록 위해서 기도해 주시고, 이를 지원할 후원 교회와 동역자 보내주심을 위해서도 기도해 주시기를 부탁드립니다.

2014년 7월 15일
메트로 마닐라 빌라누엘타워 504호에서
백삼진 선교사 드림

2016년 상반기 기도 편지

† 선교동역자에게 드리는 글

선교 사역 27년 차인 오늘의 선교 현장입니다.

안녕하십니까? 선교 사역 27년 차인 최정인 목사와 백삼진 선교사입니다. 그동안 영육 간에 건강을 베풀어 주신 하나님께 찬송과 영광을 돌립니다. 아울러 기도로 혹은 물질로 후원해 주신 후원 교회와 동역자 여러분에게 심심한 감사의 말씀을 드립니다. 27년 동안의 사역을 사역별로 정리해 보면 초기에는 교육 사역(유치원 사역, 성경학교 사역, 신학교 사역, 세미나 사역) 중심이었으나 2000년부터 부족 사역, 낙도 사역, 교회 개척 사역, 성전 건축 사역 등의 선교 사역이었음을 회고하게 됩니다.

부족 사역은 망얀부족 등 2개 부족이고, 낙도 사역은 민도로섬 등 10개 섬이고, 교회 개척 사역은 폴라교회 등 28개 교회이고, 성전 건축 사역은 까마린교회 등 58개 교회의 성전을 건축하기에 이르렀습니다. 유치원 사역은 지금까지 계속하고 있는데, 까마린교회 유치원 등 8개 교회에 유치원을 설립하였습니다.

저희의 선교 사역은 출발 당시부터 힘에 겨운 선교 사역이었습니다. 1991년부터였습니다. 2000년까지 최 목사는 한국에서, 백 선교사는 필리핀에서, 그렇게 각각 떨어져서 별거 아닌 별거를 하면서 선교를 하였습니다. 그 10년 동안 최 목사는 한국에서 직장생활을 하면서 열심히 선교비를 보내주었고, 백 선교사는 그 돈을 받아서 열심 전력으로 선교를 하였습니다. 그런 생활을 하면서 누구에게라도 신세 한탄을 한다든가 주님을 향해서 원망한 일은 한 번도 없습니다. 자원하는 마음이었으므로 언제나 기쁘고 즐거운 마음으로 사역을 감당할 수 있었습니다. 그 결과가 부족하지만, 오늘날 위에서 열거한 바와 같은 결실입니다.

사역 의지는 지금도 마찬가지입니다. 100세 시대에 100세까지 앞을 향해 달려가겠습니다. 하여, 앞으로도 하나님께서 계속해서 인도·축복해 주실 것을 믿어 의심치 않습니다. 그것은 "내게 능력 주시는 자 안에서 내가 모든 것을 할 수 있느니라(빌립보 4:13)."라는 말씀과 함께 "금과 은과 놋과 철이 무수하니 너는 일어나 일하라. 여호와께서 너와 함께 계실지로다(역대하 22:16)."라는 말씀을 믿고 의지했기 때문이겠고, 그 말씀이 앞으로도 계속해서 우리에게 큰 믿음과 힘을 실어 주실 것을 믿는 믿음 때문입니다.

할렐루야!

금년도의 사역도 주님 축복해 주시는 은혜 가운데서 잘 진행되고 있습니다. 지난 3월 7일에는 55번째로 건축한 반수드교회(Jesus is Global Ministry)의 준공식이 있었고, 3월 말 주일에는 57번째로 건축한 알파와오메가교회(Jesus is Ahpha & Omega)의 입당 예배가 있었습니다. 4월에는 알라드교회 유치원(롬블론섬)과 폴라교회 유치원(민도로섬)의 졸업식이 있었습니다.

5월부터는 58번째로 오픈바이블교회(Christ Centered Open Bible Christian Community Church)의 성전 건축이 진행되고 있습니다. 그리고 교회 개척은 봉아봉(Bongabong, Mindoro) 지역과 산체도로(San Teodoro) 지역에서 이루어지고 있는데, 이들 개척 교회는 모두 척박한 산골짜기와 바닷가에 있는 미자립 교회들입니다.

– 기도를 부탁드립니다

1) 100개 교회 개척과 100개 교회의 성전 건축이 이루어질 수 있도록 기도해 주세요.

2) 현재 58번째로 건축하고 있는 오픈바이블교회의 성전 건축이 은혜 가운데 준공될 수 있도록 기도해 주세요. 새로이 개척하고 있는 망얀부족 교회들인 가브야오교회, 산체도로교회, 봉아봉교회 등을 위해서 기도해 주세요.

3) 내년 3월이면 백 선교사가 유방암 수술을 받은 지 만 5년이 됩니다. 그동안 아무 염려 없이 건강을 지켜주신 하나님께 감사드리며, 완쾌 판정을 받고 더욱 건강한 모습으로 일할 수 있도록 위하여 기도해 주시기를 부탁드립니다. 감사합니다.

2016년 7월 일
메트로 마닐라에서, 백삼진 선교사 드림

SOS! 2021년 팬데믹, 쌀 한 가마씩 보내주세요!

† 오병이어선교회 김광영 회장님에게

할렐루야! 선교의 주체 되시는 주님의 이름으로 문안드립니다. 코로나 때문에 선교지 교회의 성도들이 일터를 잃고 기아에 내몰리고 있는 현실을 말씀드리면서 긴급히 쌀을 공급하여 구제하려고 하오니 후원하여 주시기를 부탁드립니다.

1) 코로나바이러스가 필리핀에 상륙한 지도 2년이 되었습니다. 청정 지역으로 분류되어 있던 저희 사역지도 감염의 속도가 더해지고 있어서 위급한 상황입니다. 따라서 교회들은 문을 닫다시피 하였고, 하루 벌어 하루 먹고살던 성도들은 일터를 잃고 방황하고 있는 현실입니다.

2) 일부 교회에서 대면 예배를 강행하고 있으나 예배는 대부분 야외에서 이루어지고 있습니다. 저희가 설립하여 운영하던 교회 유치원은 모두 폐쇄하였습니다. 도시와 도시, 마을과 마을 간의

이동은 여전히 자유롭지 못합니다. 그러나 생필품 구매 등 생존을 위한 여러 활동은 보장되어 있음을 말씀드립니다.

3) 2021년 10월 10일 현재 코로나바이러스 확진자 2,666,562(+12,159)명, 사망자 39,624(+119)명, 치료 중 118,203명인데, 속히 변곡점을 찍고 공교회와 평화로운 일상으로 복귀할 수 있도록 기도하여 주시기를 부탁드립니다. (괄호 안의 +는 오늘 하루 통계입니다.)

4) 쌀 한 가마값은 2,000페소(5만 원)입니다. 구제 대상 교회와 성도들은 저희가 개척해서 섬기고 있는 11개 섬, 80개 교회, 1,000가정입니다. 작년에는 54개 교회, 992가정에 쌀 5kg, 통조림 3개, 라면 3개씩을 비닐봉지에 넣어서 공급한 바 있습니다.

5) 구제 대상은 1991년 이후 현재까지 저희가 개척해서 섬기고 있는 80여 개 필리핀 원주민 교회의 목회자들과 성도들입니다. 구제 방법과 구제 범위는 한 교회당(20가정 기준) 쌀 2가마(1가마 50kg)씩이고, 전체는 160가마입니다. 쌀 한 가마 값은 2,000페소(5만 원)입니다. 1개 가정에 쌀 5kg씩을 공급할 수 있도록 후원해 주시기를 간청드립니다.

2021년 10월 11일
필리핀 마닐라에서, 백삼진 선교사 드림

제6장

푸른 초장

여호와는 나의 목자시니

내게 부족함이 없으리로다.

그가 나를 푸른 초장에 누이시며

쉴만한 물 가로 인도하시는도다. 시 23:1~2

선고 편지 모음 8편

1) 백석대학교 김준삼 교수님 전

　　　　믿음의 아버지에게 드립니다. 남쪽 나라의 파란 하늘이 높게만 느껴지는 마닐라의 하늘입니다. 한국을 떠나온 지 많은 시간이 지나고 있는데, 그동안도 주님 은혜 중 평안하게 계시는지 궁금합니다. 사모님의 건강도 여전하시겠지요? 목사님 건강하셔서 이 백 선교사를 위해 계속 기도해 주시고, 오래오래 축복해 주시기를 기도합니다. 주님의 일군이 되기 위하여 수련을 쌓는 많은 시간 속에서 목사님의 배려와 이끌어주심이 없었다면 오늘의 제가 없었으리라 생각하니 끝까지 동행하고 싶은 마음입니다. 총회신학교에서 공부할 때 학부와 신학연구원 6년 동안 전액 장학금을 타게 된 것도 목사님의 추천으로 인한 것이었으니 오늘의 나 된 것은 온전히 목사님의 배려에 의한 것이었음을 생각하면서 다시 한번 더 감사의 말씀을 드립니다.

　제가 오늘날 선교사로 설 수 있었던 것도 온전히 목사님의 지도에 의한 것이었음을 기억합니다. 언젠가 목사님께 추천서를 받기 위해서 찾아뢰었을 때 "백 전도사, 이제 그만 큰물에서 놀 때도 되지 않았니?" 하시면서 선교사로 나갈 것을 권유했던 사실입니다. 그리하여 저는 그 말씀에 힘입어 선교사가 되었고, 오늘은 마닐라 까마린이라는 곳에서 성전 건축을 위한 첫 삽을 뜬 후 이 편지를 쓰고 있는 것입니다.

열심히 하겠습니다. 어떠한 어려움과 고난이 있을지라도 영적 전쟁에서 승리하고, 예수의 이름은 들어보지 못하고 죽어가는 저 영혼들을 향해서 일사각오로 달려가겠습니다. 그러기 위해서는 나 혼자만의 힘으로는 안 된다는 것을 너무나 잘 알고 있습니다. 그래서 선교 표어를 정했습니다. "내게 능력 주시는 자 안에서 내가 모든 것을 할 수 있느니라(빌립보 4:13)."

김 목사님! 장종현 총장님에게도 주님 은혜 안에서 감사한다고 전해주십시오. 기도와 물질로 후원해 주시고 계신 총신교회 성도들의 건강과 은혜 안에 거하시기를 빌며 남쪽 나라 하늘 밑에서 백 선교사 기도하렵니다. 더 큰 영광이 백석대학교와 총신교회 위에 있기를 기도하렵니다. 만나뵙지 못한 시간 속에서 내내 건강하시기를 빌며…. 백삼진 선교사가 마닐라 미드타운에서 드립니다.

2) 한성교회 서순덕 권사님에게

서순덕 권사님께 드립니다. 그동안 뵙지 못한 채 많은 시간이 지나고 있습니다. 많은 시간이 지났으나 서 권사님이 베풀어 주시는 사랑은 언제나 잊지 않고 감사기도를 드립니다. 그리하여 기도하면서 물질과 기도의 후원을 아낌없이 보내주시는 선교의 동역자로서의 서 권사님의 모습을 때때로 그려보는 것입니다.

서 권사님이 한성교회에서 집사 임직을 받으실 당시에 제일 어린 집사였다는 소식을 듣고 간간이 웃곤 하였는데, 사실은 제가 제일 어린 늦둥이 집사였음을 기억합니다. 그리고 지금은 권사님이 되셨고, 지금은 선배 집사님으로서 사랑하는 마음으로 저를 위해 기도해 주시고 있는 권사님이십니다.

고맙습니다. 권사님의 후원하심에 힘입어 열심을 다해 사역지를 돌며 일하고 있습니다. 지금은 집에서 예배 모임을 조금씩 가지고 있으며, 마닐라에서 1시간 30분가량 차 타고 가는 곳에 빌라 베아뜨리체 유치원을 개원하려고 준비 중에 있습니다. 신청자가 자꾸 늘어서 조금은 제한해야겠다고…. 학생들이 너무 많으면 경영하는 데 물리적으로 부담이 될 것 같아서…. 선교지가 차고 넘치는 즐거운 비명입니다.

권사님! 선교에 동참하고 있는 권사님과 권사님 가족을 위해 기도합니다. 우리가 지금까지 살아온 삶이 우리 개인의 삶이었음을 고백하면서, 앞으로는 예수님의 이름은 들어보지도 못하고 죽어가는 저 영혼들을 위해서 이 생명 다할 것을 서원하면서, 서 권사님과 권사님 가족을 위해서 기도합니다. 감사합니다. 남국의 하늘 아래서 백 선교사 드립니다.

3) 정원교회 임예재 목사님에게

할렐루야! 주님의 이름으로 문안드립니다.

한국을 다녀온 지도 많은 시간을 지나고 있습니다. 비행시간 세 시간 반의 거리지만 왠지 멀게만 느껴지는 하늘 밑입니다. 이곳은 점차 여름으로 치닫고 있는 건기철이라서 평균 온도가 30도를 넘고 있습니다.

이 나라의 요즈음 정세는 라모스 대통령이 취임하므로 이 나라에도 새마을운동이 한창인 시기를 지나고 있습니다. 미련하게만 느껴졌던 이 나라의 국민성이 점차 눈을 뜨는 시기가 다가오는 것 같습니다. 예전에는 돈을 주면 '안 되는 것도 된다'는 사회 풍조였는데 요즈음은 그것이 별로 안 통하는 사회가 점차 되어가고 있는 느낌입니다. 한 지도자의 힘이 사회의 변혁에 거대한 힘을 발산한다는 것을 느낄 수 있는 요즈음입니다.

임 목사님 그동안 안녕하셨는지요? 항상 기도해 주시고 물질로 후원해 주시는 사랑에 힘입어 사역에 최선을 다 하려고 노력하고 있습니다. 대내적으로는 저의 집에서 모이는 작은 모임에서부터 대외적으로는 여타 선교사들과 같이 협력적 선교 전략을 모색하기도 하는 선교 현장입니다. 저의 역량이 얼마만큼인지는 알 수 없습니다. 그러나 주님의 손에 붙잡혀서 일을 한다면 못할 사역이 없다는 자신감입니다.

이제 언어의 틀도 얼만큼은 잡혔다고 생각되어서 드리는 말씀입니다. 십자가의 길은 고난의 길이라고 하지만, 뛰면서 노래하면서 즐겁게 그 길을 가겠습니다. 우리를 구원하신 사랑의 십자가 보혈이 이 땅에 가득 넘쳐흐를 때까지입니다. 그런 긍지를 가지고 하나님 나라 확장에 이바지하게 될 것을 굳게 믿습니다. 보내는 선교사와 보내지는 선교사의 협력이 더욱 굳건하게 될 때 하나님께서는 우리의 헌신을 더욱 기뻐 받으시리라 믿습니다. 할렐루야! 임 목사님과 정원교회의 성도들의 건강과 축복을 기도드리며 남쪽 나라에서 백삼진 선교사 드립니다.

4) 총회신학교 이정숙 교수님에게

아스라이 밝아오는 빛 가운데서 새벽이 점차 다가오고 있는 시각인 것 같습니다. 남국의 아름다움을 더해 주는 빛과 어둠의 조화가 지금 이 시각에 이 교수님에게 펜을 들게 하는 마음의 여유를 갖게 해 주는지도 모르겠습니다.

이 교수님, 그동안 안녕하셨는지요? 가족들의 건강과 친정어머님도 모두 평안하신지 주님 안에서 문안드려요. 필리핀에 나온 지 2년여의 세월을 지나면서도 편지 한 번 못 드리고 항상 바쁜 마음으로 시간만을 지나고 있었어요. 그러나 여기 필리핀에 선교사로 나와서도 언제나 교수님의 가르침은 잊지 않고 있으며 배운 바를 실천하려고 항상 노력하고 있는 충실한 제자랍니다. 아직도 잊지 않고 있는 교수님의 말씀은 "마땅히 해야 할 것을 위해서는 다른 기존의 것을 포기할 수 있어야만 큰일을 할 수 있다."라는 강의 시간에 들려주신 말씀이었습니다. 나이가 많은 제자라고 하여서 혹시 진로를 잘못 잡을까 싶어서 그렇게 저를 격동시켜 주시기도 하였었지요.

이 교수님, 기뻐해 주세요. 제자가 오십의 나이에 이제 유치원 사역에 첫 삽을 떴음을 알려드려요. 마닐라에서 남동쪽으로 한 시간 반가량 떨어져 있는 케손시티(Q.C.) 빌라 베아뜨리체라는 원주민 자녀들을 위한 무료 유치원을 시작했어요. 신청서를 받고 있는데 자꾸자꾸 아이들이 몰려와서 인원을 제한해야 할 정도라네요.

교과과정은 잘 짜놓았습니다. 교수님한테 유아교육을 배웠으니 배운 대로 실천하면 알찬 열매를 거두게 될 것을 굳게 믿는 믿음입니다.

처음이니까 작고 예쁘고 멋진 유치원을 만들어갈까 합니다. 앞으로 후원이 잘된다면 교회가 개척되는 대로 그 교회에 우선하여 유치원을 설립하는 것으로부터 집행하겠습니다.

이 교수님, 기도해 주세요. 공부할 때는 정말 아무 생각 없이 배운다는 그 자체만이 좋아서 어영부영 공부만을 하였었는데, 선교사로 현장에 투입되고 보니 제일 자신 있는 사역은 감사하게도 이렇게 유치원 교육 사역이 되었습니다. 배운 것을 적재적소에 쓰일 수 있게 공간과 시간을 허락해 주신 하나님께와 이 교수님께 감사의 말씀을 드립니다.

오랜만에 펜을 드니까 할 말이 너무 많아서 무슨 말을 드려야 할지 모르겠어요. 다만 정말 감사드리는 것은 이 백 선교사 가장 어려웠던 시절에, 공부하던 그 시간에, 이 교수님이 나의 길동무가 되어주고 위로해 주며 힘을 주셨다는 사실이에요. 감사합니다, 이 교수님! 앞으로도 좋은 말씀 많이 들려주세요. 여명의 빛이 밝아오는 새벽에 마닐라에서 백삼진 선교사 드립니다.

5) 한성교회 탁현숙 집사님께

평화와 질서의 하나님의 은혜가 탁 집사님의 가정과 교회와 일터에 넘치시기를 기도드립니다. 뵈온 지가 오래되어서 교통이 끊어져 있는 것 같지만 믿음 안에서 하나 되고 교통하리라 믿는 마음입니다.

저는 여기 선교지에서 열심으로 사역을 감당하고 있으며, 영어와 타갈로그어 공부도 열심히 하고 있습니다. 이는 다 주님이 축복해 주시고 인도 보호해 주시는 은혜에 의한 것이지만, 탁 집사님이 계속해서 기도해 주시고 물질을 후원해 줌으로 가능한 일이라고 생각합니다. 할렐루야! 50의 나이에 선교사로 파송받고 나와서 사역을 감당하게 하시니 여호와 샬롬입니다.

이곳의 요즈음 날씨는 거의 30도를 오르내리는 더운 날씨입니다. 너무 더워서 그럴까요? 이 나라 국민성은 조금은 착한 성향을 갖고 있으나 웃으면서 사람을 죽일 수 있는 곳이 이곳의 실정입니다. 그러나 요사이 이 나라도 라모스 대통령이 취임하고 난 뒤부터 치안이 많이 안정되었습니다. 경제성장을 부르짖으며, 거리 청소도 솔선하여 깨끗이 하려고 노력하는 등 의식구조가 많이 변화되어가는 모습을 보게 됩니다. 한 지도자의 역할이 그렇게 큰 역사를 이룩하고 있다는 사실입니다.

그래서 깨닫습니다. 대장 되신 우리 주 예수 그리스도를 모시고 사는 우리야말로 모든 면에서 변하지 않으면 안 된다는 사실입니다. 따라서 우리가 하고 있는 구령 사역에 있어서 필연 최종적으로 승리할 것을 굳게 믿는 믿음입니다. 탁 집사님, 기도해 주세요. 이 일에 몸 바쳐 일할 것을 서원하고 나온 이 백 선교사를 위해서 계속 힘을 실어 주세요. 필리핀 마닐라에서 백삼진 선교사 드립니다.

6) 대신교회 황수원 목사님에게

마닐라의 백삼진 선교사가 주님의 이름으로 문안드리면서, 가정 위에 평화가 깃들기를, 목양 위에 축복이 깃들기를 위해서 기도합니다. 믿음의 아버지와 같으신 황 목사님이시라고 할까요, 저를 이곳에 선교사로 파송해 주셨기 때문에 그렇게 불러보는 이름입니다.

황 목사님이 아니었으면 제가 어떻게 선교사가 될 수 있었겠는가 생각할 때에, 지난 세월이 꿈만 같습니다. 저는 선교사가 되기 전에 만나교회 심방 전도사로 시무하고 있었더랬죠. 그런데 대망의 꿈을 안고 어느 날 갑자기 총회본부 해외선교부에 선교사로 나갈 것을 청원하게 되었는데, 그때 돌아오는 말이 아직도 가슴을 먹먹하게 합니다. 그것은 다름이 아니라 "여자가 무슨 선교사야! 심방 전도사나 하고 있지!" 하는 비난이었습니다.

그런데 그때였습니다. 황 목사님이 나서면서 "백 전도사를 내가 책임지고 선교사로 파송해 주마!"였습니다. 그래서 총회 선교사가 될 수 있었던 저는 영광스럽게도 대신총회 파송 여자 선교사로는 1호가 되었던 사실입니다. 황 목사님께 감사드리며 끊임없는 기도와 물질 후원까지 약속하셨으니 그 은혜와 사랑은 잊을 수가 없습니다. 오직 드릴 수 있는 약속의 말씀은 그 격려와 후원을 바탕으로 열심 전력으로 최선을 다하겠다는 맹세뿐입니다.

요즈음은 마닐라에서 1시간 반가량 가야 하는 빌라베아트리체라는 마을에 세워진 벨라베아트리체교회에 무료 유치원을 개원하느라 준비가 한창입니다. 어린이들에게 유니폼, 책상, 걸상, 책, 노트 등, 모두가 무료로 준비되어 가는 과정을 지나고 있습니다. 매달 선생님 월급을 지급해야 하는 것도 하나님의 은혜 가운데서 이루어지리라 믿습니다. 사역에는 무엇보다 제가 유아교육을 전공했으므로 유치원 운영에 자신이 있고, 또 선교 사역은 아이들을 어려서부터 신앙적으로 교육해야 참 크리스천이 된다는 신념입니다.

필리핀이라는 나라는 아시다시피 천주교 국가입니다. 그래서 98% 이상이 기독교 신자들임을 자처하고 있는 현실입니다. 교회를 가든 안 가든 상관없이 모두가 크리스천인 셈입니다. 그런데 문제는 중국에서 들어온 불교문화와 어울려서 기독교가 완전한 가톨릭 우상 문화가 되어있다는 사실입니다. 이 우상에서 벗어나게 하는 것이 저의 일차 사명임을 깨닫습니다. 이것을 깨우기 위해서 제가 시작한 것이 유치원 선교며, 지식인을 위해서는 성경공부이며, 대학생들을 위해서는 학원 선교며, 목회자들을 위해서는 성경공부임을 깨닫게 되는 것입니다. 앞으로는 그런 신념으로 사역 계획을 세워서 밀고 나갈 작정입니다. 그것이 하나님이 저를 이곳에 보내신 뜻이라는 생각합니다.

황수원 목사님, 기도해 주세요. 오늘날 제가 파송되어 일하고 있는 필리핀뿐만 아니라 세계 선교를 향한 꿈도 펼칠 수 있도록 기도해 주시기를 부탁드립니다. 감사합니다. 황 목사님! 마닐라의 백삼진 선교사 인사드립니다.

7) 아빠, 최정인 강도사에게

어둠이 찾아올 때면 왠지 외로움을 타는 시간인 것 같은 저의 마음입니다. 오늘도 어스름 저편 무더웠던 낮 기운을 피해 바람 부는 빌리지 안을 한 바퀴 돌면서 외로움을 털어내고 이 글을 씁니다.

오늘은 조금 마음이 아픈 날이었습니다. 가정교사로 있던 빌렌이 어제 병원에 다녀온다고 나가더니 늦게야 돌아와서 코 수술을 받겠다고, 입원해야 한다며 집을 나갔기 때문입니다. 빌렌이 없으니 마음 한

구석이 텅 빈 것만 같았습니다. 우리 집에 헬퍼로 들어왔지만, 나에게는 영어를 가르쳐주는 선생님이었기 때문입니다.

그런데 오늘 오전에 빌렌에게서 연락이 왔다고 하면서 로헤나가 말했습니다. "먹을 물을 좀 갖다 달라네요."라고 하면서 "다녀와도 될까요?" 하였던 것입니다. 나는 그 말을 듣고 그때까지도 섭섭한 마음이 가득했으므로 선뜻 대답을 하지 못했었습니다. 그러나 선교사의 책임의식의 발동이라고 해야 할지 한참 후에 나는 마음을 다잡고 로헤나와 같이 필리핀 제널드 하스피탈이라는 병원을 찾아갔습니다.

병원은 꽤 컸으나 지저분하기가 이루 말할 수 없었고, 한 방에 병상이 40개 이상 되는, 옛날에 영화에서 보던 야전병원 같았습니다. 침대 위에 덩그마니 앉아있는 빌렌을 보면서 찾아와 보기를 잘했다는 생각이 들었습니다.

환하게 웃는 모습과 고마워하는 그를 보면서, 이렇게 하는 것도 일종의 선교 사역이로구나 하였습니다. 담당 의사에게 나를 소개하였고, 진찰하는 과정도 옆에서 보게 하여주어서 감사하는 마음이었고, 병상에 누워있는 환자들을 보면서 막연한 생각이었지만, 앞으로는 병원 사역도 해야 하리라는 그런 기도를 절로 하게 되는 것이었습니다. 그리하여 나를 이곳에 보내신 주님의 뜻을 따라 방방곡곡 어디든지 복음을 들고 영육 간에 치유의 사역에 더욱 매진하는 내가 되리라 다짐해 봅니다.

아빠! 오늘 나살 랭귀지 스쿨(De La Salle University)에 찾아가서 스케줄을 알아보고 왔는데, 우선 영어가 돼야겠음으로 등록하고 공부부터 하려고 합니다. 비록 늦은 나이이기는 하지만, 혀가 잘 돌아갈는지 알 수는 없지만, 영어 습득이 선교의 제일차 관문임을 깨닫고 용감히 도전해 보려고 합니다. 열심히 공부부터 공부하겠습니다.

그리고 아빠가 방학을 맞이하여 필리핀에 왔다가 귀국하신 후, 15일~16일 이틀 동안은 계속해서 9통의 편지를 썼고 또 부쳤습니다. 지난해에는 장명애 전도사에게 부탁해서 선교 편지를 전달하려고 했었는데, 실행치 못했으나 이번에는 마침 한국으로 가는 학생이 있어서 친필로 여러 편을 써서 보냈습니다. 노란 편지지가 가득 차도록 목사님 한 분 한 분께 이곳의 선교 소식을 알차고 정성되게 써서 보냈습니다. 그 편지를 한국으로 가지고 가서 즉시 우체국에 가서 발송해 줄 것을 학생에게 신신 당하였습니다. '한 통의 편지라도 땅에 떨어져서 발에 짓밟히는 일이 도저히 없게 하시옵소서! 열매를 맺게 하시옵소서!' 위하여 기도합니다.

아빠의 기도와 협력이 나를 이렇게 열심히 노력하도록 해주는가 봐요. 아빠! 보고 싶습니다.

8) 아빠, 최정인 강도사에게

아빠와 전화 통화를 하고, 밤 1시까지 잠이 안 오는 밤에 이 편지를 씁니다. 아란이의 좋은 소식을 기대했는데, 불합격 소식을 들으면서 가슴이 아픕니다. 물론 본인 책임도 있겠지만 돌보지 못한 엄마의 마음이 더욱 아플 뿐입니다. 아빠, 아란이 위로해 주시고 격려해서 다행히 NCE 시험에 붙었던 사실에 감사한다고 전해 주시고요. 될 수 있는 대로 빨리 이곳에 와서 랭귀지 스쿨에 다니면서 수속을 밟도록 하게 해주세요.

우리 옆에 있는 미스 김이라는 학생이 다니는 대학교가 좋은 대학 같아서 알아봐야겠어요. U.S.T.라나요. 학교 이름은 잘 모르겠지만, 그 학교가 영국의 오스포드대학과 미국의 유명한 학교와도 체인이 되어 있어서 방학 때 자주 연수하러 간다고 하네요. 연세대학교하고도 연계가 되어있다는 말을 들었는데, 더 자세히 알아볼게요. 그전에는 그 학교가 스페인계 사람들만 다니던 학교라는데 학비가 조금 비싸서 그렇지, 들어만 갈 수 있다면 그에서 더 바랄 것이 없을 것 같아요.

요즈음에는 영어 공부만 집중하는데 잘 안 되네요. 나살 랭귀지 스쿨에는 계속 다니고 있습니다. 집에서는 로헤나에게서 영어를, 빌렌에게서는 타갈로그어를 배우고 있습니다. 열심히 하면 좋은 결과가 있겠지요. 열심히 배우겠어요.

최수일 목사님이 제안한 유치원 원장을 맡는 문제는 선교비가 정기적으로 들어가야 될 것 같아요. 유치원생 가운, 걸상, 책상을 구비하는 데 드는 돈과 매월 교사 월급을 100불 정도 지불해야 되고, 학용품 등등 여러 가지를 우리가 책임져야 하는 문제가 있어요. 그래서 최수일 목사님과 의론해서 한 달에 200불 정도만 들어간다면 책임지고 일해 볼까 생각해요.

일주일에 두 번 정도 오전에 가서 돌보고, 오후에 나살에 가서 공부하고, 목요일에는 유니온 처치 상담실에 출근하고, 또 윤형복 목사님이 제안한 한인 유치원 교회를 운영하는 방안도 연구해 보는데, 윤 목사님과 구체적인 방안을 검토해 보고 꼭 해야 할 일이면 아빠한테 전화할게요.

어제 비자 신청을 58일 것으로 하기 위해 이미그레이션에 여권을 갖다 맡겼어요. 다음 주 수요일에 여권을 찾아오기로 되어있어요. 비자 기간이 끝날 때 한국에 나갈까 해요. 아마 4월 말쯤 되겠지요.

아빠, 은주는 요즘 한 달에 500불 내는 완전한 하숙생이에요. 호성이와 수정이가 살림의 경영권을 꼭 쥐고 내놓지를 않아서 조금 섭섭하지만, 그런대로 마음은 편해요. 수정이가 얼마나 짠돌인지 나를 안 닮은 것 같아요. 두 부부가 열심히 살림하면서 공부하는 것을 볼 때 보기 좋네요. 저와 자녀들을 위해서 계속 기도해 주세요.

아빠! 감사합니다.

망고나무 묘목 보내기 운동입니다(I)

† 영음교회 엘이레선교회 권재천 목사님께

      할렐루야! 선교의 주체 되시는 주님의 이름으로 문안드립니다. 선교지 교회의 성도들이 코로나로 일터를 잃고 다년간 기아에 내몰리고 있는 현실을 말씀드리면서, 우선 교회의 100년 대계를 먼저 세워야겠다는 생각으로 아래와 같이 망고나무 묘목들을 공급하여 각 교회가 자립해 갈 수 있도록 하고자 합니다.

1) 망고나무는 우리 모두가 좋아하는 명품 망고를 생산하는 과일나무입니다.
2) 씨앗에서 발아한 망고나무는 1년이 지나면 성장이 엄청 빨라서 다른 식물 4~5년 차만큼 자라고, 5~8년부터 열매를 맺기 시작합니다.
3) 묘목부터 시작하면 3년부터 열매를 맺게 되는데, 한 나무에서 수백 개의 망고를 수확할 수 있습니다. 그런 망고나무 한 그루만 있어도 자녀를 대학교에 보내고도 남는 수확입니다. 망고나무는

100년이 지나도 계속 열매를 맺습니다.

- 간청드립니다.
1) 망고나무 묘목 한 그루 값은 200페소(5,000원)입니다.
2) 망고나무 묘목 공급 대상 교회는 80여 교회입니다.
3) 귀 선교회에서 1개 교회에 묘목 10그루(50,000원)를 후원해 주시기를 간청드립니다.

① 공급 대상: 공급 대상 교회는 1991년 이후 저희가 개척해서 섬기고 있는 80여 교회들이고, 산골짜기와 늪지대, 밀림 속에 있는 척박한 교회들입니다.
② 후원 범위: 후원 범위는 한 교회당 망고나무 묘목 10그루씩이고, 전체는 800그루입니다. 1개 교회에 10그루씩 공급할 수 있도록 기도해 주시고, 후원해 주시기를 부탁드립니다. 감사합니다.

2022년 9월 5일
필리핀 마닐라에서, 백삼진 선교사 드림

망고나무 묘목 보내기 운동입니다(Ⅱ)

† 영음교회 엘이레선교회 권재천 목사님께

망고나무 묘목 보내기 운동은 11개 도시, 64개 교회, 64명의 목회자에게 646그루를 아래와 같이 공급하였습니다.

1) 후원 교회

이수일 목사(흰돌교회) 50,000원, 김영안 목사(주은혜교회) 50,000원, 손희원 자부 40,000원, 이정옥 목사(팔복순복음교회) 1,000,000원, 김양식 목사(매탄제일교회) 160,000원, 김광영 장로(오병이어선교회) 3,000,000원, 이사무엘 목사(할렐루야교회) 225,000원, 박경원 목사(석동교회) 100,000원, 김기태 목사(향린교회) 100,000원, 권재천 목사(영음교회) 2,500,000원.

계 7,250,000원

2) 동 민도로섬 산지 교회 망고나무 묘목 분양 및 식수 현황

Oriental Mindoro, Philippines

NO.	도시	목회자	교회	분양
01	Victoria	Ptr. Eddie Falla	Victoria Evangelical Family Church	13 그루
02	–	Ptr. Marlon Ocampo	Jesus Christ the of Glory in Mounth Zion Church	13
03	Pola	Ptr. Maning Labao	–	6
04	–	Ptr. Anorld	Sitio Banco Christian Church	8
05	–	Ptr. Rommel	Calatagan Christian Church	13
06	–	Ptr. Renato	Bayanan High Christian Church	13
07	–	Ptr. Alchor	Pahilahan Christian Church	16
08	–	Ptr. Gawain	Puting Cacao Christian Church	8
09	–	Ptr. Dof	Parangan Christian Church	10
10	Calubasanhon	Ptr. Edison	Jesus Christ Got of Grace Christian Church	8
11	–	Ptr. Romuluo	Jesus the Alpha Omega Church	6
12	–	Ptr. Rizal Naling	Island Mission Church	8
13	–	Ptr. Ric Naling	Island Mission Church	8
14	Pinamalayan	Ptr. Ludy Toledo	New Life Christian Church	8
15	–	Ptr. Avelino Lacerna	Pinamalayan Christian Reformed Church	15
16	–	Ptr. A. Garcia	UNIDA Church	10
17	–	Ptra. Ofel	Lumambayan Central Church	10
18	–	Ptra. Ethel	Jesus is Load Church	10
19	–	Ptr. Edwin	Buli Christian Church	10
20	–	Ptr. Henry	Inclanay Christian Chruch	10

21	—	Ptra. Marites	Lumambayan JIL Church	10
22	—	Ptr. Ave	Peace Maker Family Church	10
23	—	Ptr. Bryan	Anoling Baptist Church	10
24	—	Ptr. Jr	ABCOP sta Rita Church	10
25	—	Ptr. Laurente	Christ is Coming Church	10
26	—	Ptr. Cris Del Mundo	Jesus's lord Global Ministry Church	6
27	—	Ptr. Edizon faballa	Heldale Baptist Church	8
28	Bongabong	Ptr. Gil Aclan	Jesus's load global Ministry Church	13
29	—	Ptr. Judel Doroto	I am Redeemer Master and Evangelical Church	14
30	—	Ptr. Allan Villagracia	Gamantigue House Worship	8
31	—	Ptr. Michael	Crist Centered Open Bible Christian Church	6
32	—	Ptr. Mark Gamos	The KIng Heavenly Throne Church	13
33	—	Ptr. Yagno dawsig	Mungos Tribal Community	9
34	—	Ptr. Jhon Ray G. Gaco	Christ Centered Ministry Church	8
35	Bansud	Ptr. Noel Tuszon	Jesus New Covenant Church	13
36	—	Ptr. Ariel Alub	Grace Mission Church	13
37	—	Ptr. Jojo Mantala	King's Kingdom Mission church	6
38		Ptr. Rowell	Malo Christian Church	8
39	Gloria	Ptr. Alex P. Ariel	Grace Mission Church	13
40		Ptr. Alfie Lacerna (Brother of Avelino)	Pinamalayan Christian Reformed Church	18
41	Roxas	Ptr. Jorem D. Sioce	Christ Centered Ministries In't	6
42	—	Ptr. Richard Morante	Bagong Sikat House of Worship	11
43	—	Ptr. Rogelio Falla (Leager of Ptr. Falla)	Jesus Our Load Spring of Worship	6

44		Ptr. Rogelio Falla	Jesus Our Lord Spring of Felloship	6
45	Mansalay	Ptr. Elias bilog	Lunbay' Mangyang Church	10
46	—	Ptr. Damao s. gayot	lamak-1 Christian church	10
47	—	Ptr. Close linayao	Waygan Christian church	10
48	—	Ptr. Mhaynard	Hawili Christian Church	10
49	—	Ptr. Henry Ube	Quepanglao Christ's Community	15
50	—	Ptr. Keyo B. Imnay	Cabuyao Mangyang Tribal Church	15
51	Bulalacao	Ptr. Henry Husayan	Bugso Mangyan Tribal Church	10
52	—	Ptr. Figuerog Renato	Life in Jesus Sitio Bating Christian Church	10
53	—	Ptr. Greg gurrra	Christ 's Family Christian	10
54	—	Ptr. Elma	Bulalacao Mangyan Tribal Church	10
55	—	Ptr. Jeo	San Rafael Mangyan Tribal Church	10
56	—	Ptr. Gracia	Tanawan Mangyan Tribal Church	10
57	—	Ptr. Ben	Buru BuruMangyan Tribal Church	10
58	—	Ptr. Danny	Calibang Mangyan Tribal Church	10
59	—	Ptr. Ayas	Ambolong Mangyan Tribal Church	10
60	—	Ptr. Rizal	Gatol Mangyan Tribal Church	10
61	—	Ptr. Mhaynard	Hanwoori Mission Center	10
62	—	Ptr. Jomer	—	10
63	—	Ptr. Benher Guro	Tambangan Christian Church	15
64	Capolawan	Ptra. Gemmar	Capolawan Christian Church	10
계	11개 도시	64개 교회	64명 목회자	646 그루

2022년 11월 20일
필리핀 마닐라에서, 백삼진 선교사 드림

1991~2023 선고 사역 현황입니다

† 대한예수교장로회 대신총회 대신세계선교회 귀중

　　필리핀에 선교사로 파송된 것은 1992년이었으나 필리핀에 도착한 것은 그보다 1년이 빠른 1991년이었습니다. 처음의 사역은 마닐라 생명의 전화 상담 사역과 유치원 사역이었고, 그다음이 교회 개척 사역이었습니다. 교회 개척 사역을 하면서 그때 서원을 하였습니다. 100개 교회를 개척하고, 100개 교회의 성전을 건축하겠습니다. 그로부터 30여 년이 흐른 오늘이라는 시점입니다. 유치원 사역과 교회 개척 및 각 교회 가정 수, 성전 건축 현황은 아래와 같습니다.

1. 유치원 설립 현황

　1) 1992년, 빌라 베아뜨리체(Villa Beatriche) 교회/Teacher Sis. Ann

　2) 1994년, 봉아봉(Bongabong Mission) 교회/Ptr. Peter

　3) 1994년, 마카바크라이(Macavacray) 교회/Sis Shainning

　4) 1995년, 마린로드(Marine Road) 교회/Sis. Ronna Tagyam

　5) 2000년, 까마린(Camarin) 교회/Sis. Susan Dihada

6) 2004년, 뿌갓라윈(Pugat Lawin) 교회/Sis. Ronna

7) 2004년, 시쵸방코(Sitio Banko) 교회/Sis. Janet

8) 2005년, 로하스(Roxas) 교회/Sis. Arinda

9) 2006년, 쁘띵까까오(Putingcacao) 교회/Sis. Meriam

10) 2007년, 알라드(Alad) 교회/Sis. Evelin

11) 2020년, CCMC교회/Ptr. Jhon Rey

2. 교회 개척 및 교회 건축 현황

1) **Bongabong Mission Chruch/Ptr. Peter/Bongabong, North Luzon**

2) Macavacray Christian Chruch/Ptr. Cantol/Bongabong, North Luzon

3) Marine Boad Christian Chruch/Ptr. Missionary/Quezon, Manila

4) Sitio Banco Christian Church/Ptr. Anorld Lupig/Pola, Mindoro(+3)

5) PutingCaCao Christuan Church/Ptr. Gawain A. Bouca Ras/Pola, Mindoro(+3)

6) Word of Victory/Ptr. Benjie B. Ablong/Caloocan, Manila

7) Pahilahan Christuan Church/Ptr. Alchor Avelino/Pola, Mindoro

8) Budget Marubo Christian Church/Ptra. Edenia V.

Avelino/San Antonio, Mindoro(+1)

9) Calingagon Christian Church/Ptr. Leopoldo Polding/ Mansalay, Mindoro(+2)

10) Cabaluwa Christian Church/Ptr. Mhaynard F. Avelino/ Mansalay, Mindoro(+1)

11) Lumboy Mt. Manyang Tribal Church/Ptr. Elias Bilog/ Mansalay, Mindoro

12) Jesus Christ My Savior/Ptr. Ronald M. Minano/ Bongabong, Mindoro(+3)

13) Capolawan Christian Church/Ptra. Gemma/Bulalacao, Mindoro

14) Ima People Chruch/Rev. Elis Pangadlin/Surigao, Mindanao

15) Puokan Christian Church/Ptr. Lopodo Cortez/Mansalay, Mindoro

16) Parangan Christian Church/Ptra. Marvic Rivrte/Pola, Mindoro

17) Pugad Lawin Christian Church/Ptr. Paquito Tagyam/ Las Pinas, Manila(+1)

18) Faith Christian Church/Rev. Arnel A. Abaincia/Las Pinas, Manila

19) Taybungan Christian Church/Ptr. Jun Ramos/ Taybungan, Mindoro(+1)

20) Bukso Manyan Tribal Church/Ptr. David/Mansalay, Mindoro

21) Prayer Mt. Christian Church/Ptr. Primitivd Menes/ Rombon, Romblon

22) Cobrador Christian Church/Ptr. Elmo Majar/Romblon, Romblon

23) Calinisan Nauhan Christian Church/Ptra. Merudifa M. Boucalar/Nauhan, Mindoro

24) Alad Christian Church/Ptr. Herbert Mendoza/Romblon, Romblon(+1)

25) Jesus prince of Church/Ptr. Mamerto C. Guillan/Roxas, Mindoro

26) Ilauran Christian Church/Ptra. Melody M. Rala/ Romblon, Romblon

27) Agtongo Christian Church/Ptr. Isidro Parojinog Relox/ Romblon, Romblon

28) Lord Jesus Christian Church/Ptra. Evelyn Madya/ Romblon, Romblon

29) Load Jesus Christ/Ptr. Jemson R. Mazo/Romblon, Romblon

30) Batiano Christian Church/Ptra. Anna/Romblon, Romblon

31) Hawili Christian Church/Ptr. Mhehnard Forteza/ Mansalay, Mindoro

32) Waygan Christian Church/Ptr. Close Linayao/Mansalay, Mindoro

33) Lamak-1 Manyan Tribal Church/Ptr. Damaso S. Gayot/ Mansalay, Mindoro

34) Bolan Mt. Manyan Tribal Church/Ptr. Looy Man-Iw/ Mansalay, Mindoro

35) **Mabuting Balita Christian Church/Ptra. Elizabeth Tapalla/Rooc, Tablas**

36) Calatagan Christian Church/Ptr. Rommel Lutitud/Pola, Mindoro(+1)

37) **Magandang Balita Christian Church/Ptr. Segundo Sy Morada/Guinihayaan, Tablas**

38) Magandang Balita Christian Church/Ptr. Lrearte Gabinete/San Jose, Tablas

39) Magandan Balita Christian Ministry/Ptra. Dina G. Tinao/Santa Fe, Tablas

40) Jesus the Alpha & Omega Church/Ptr. Romulo F. Gallenito/Calubasanhon, Mindoro

41) CCCF Center/Ptr. Dhop Rivete/Pola, Mindoro

42) **Libas Christian Church/Ptr. Nilo M. Ocampo/Pola,**

Mindoro

43) Bayanan High Christian Church/Ptr. Renato C. Avelino/Pola, Mindoro(+1)

44) **Calubasanhon Christian Church/Ptr. Reynante Mabugay/ Calubasanhon, Mindoro**

45) New Life Christian Church/Ptr. Ludivico Toledo/ Pinamalayan, Mindoro

46) Pinamalayan Christian Reformed Church/Ptr. Alvelino Lacerna/Pinamalayan, Mindoro

47) Victoria Evangel Family Church/Ptr. Eddie F. Falla/ Victoria, Mindoro

48) **Victoria Mangyan Tribal Church/Ptr. Eddie F. Falla/ Victoria, Mindoro**

49) Jesus Christ the of Glory in Mounth Zion/Ptr. Malon// Victoria, Mindoro

50) IRM 1, −I am Redeemer & Master Evangelical Church/ Ptr. Raynaldo S. Reyes/Bansud, Mindoro

51) IRMEC/Ptra. Michell M. Guticrrez/Bansud, Mindoro

52) United Church of Christ Monteverde/Ptr. Ronaldo S. Lupig/Socorro, Mindoro

53) Jesus is Load Global Ministry/Ptr. Gil Aclan/Bansud, Mindoro

54) Cabuyao Mangyan Taibal Church/Ptr. Keyo B. Imnay/ Mansalay, Mindoro

55) Christ Centered Ministries Church) Ptr. John Rey G. Gaco/Bongabong, Mindoro

56) Jesus Christ the God of Grace Christian Church/Ptr. Edison/Socorro, Mindoro

57) Christ Centered Open Bible Christian Community Church/Ptr. Micheal Penaredonda/ Bongabong, Mindoro

58) King's Kingdom Mission Christian Church/Ptr. Jojo D. Mantala/Roxas, Mindoro

59) The King Heavenly Throne Church/Ptr. Mark Gamos/ Bongabong, Mindoro

60) Christ-Center Ministry Int'l Inc./Ptr. Jhon Castillo Gain)/Bongabong, Mindoro

61) Life in Jesus Sitio Bating Christisn Church)/Ptr. Figuerog P. Renato/Bulalacao, Mindoro

62) Island Mission Church) Ptr. Rizal Naling/Malibaco, Mindoro

63) Christ Centered Ministries In't Inc./Ptr. Jorem Dado Sioce/Roxas, Mindoro

64) Christ is Comming Church/Ptr. Ed Ortega/Bansud,

Mindoro

65) Christ's Family Christian Fellowship/Ptr. Greg E. Guerra/Bulalacao, Mindoro

66) Door of Faith Christian Church/Ptr. Alexander L. Arellano/Gloria, Mindoro

67) Grace Mission Church/Ptr. Ariel P. Alub/Pinamalayan, Mindoro

68) ambahgan Christian Church/Ptr. Benher U. Guro/ Bulalacao, Mindoro

69) Gamantigue House Worship/Ptr. Allan N. Villagracia)/ Bongabong, Mindoro

70) Malo Christian Church/Ptr. Rowell S. Pelaez/Bansud, Mindoro

71) Jesus New Covenant Ministry/Ptr. Noel Tuazon/ Bansud, Mindoro

72) Island Mission Church/ptr. Roderico Naling/pola, Mindoro

73) Bagong Sikat of Worship Church/Ptr. Richard Morante/ Roxas, Mindoro

74) Jesus Our Lord Spring of Life Fellowship/Ptr.Rogelio Falla /Bongabong, Mindoro

75) **Bakyaan Mountain Outreach House Church/Ptr. Rommel/Pola, Mindoro**

76) Bangaway Outreach Church/Ptr. Bhong Avelino/Pola, Mindoro

77) Quepanglao Christ's Community Church/Ptr. Henry Ube/Mansalay, Mindoro

78) Jesus is Lord Global Ministry/Ptr. Cris Del Mundo/ Pinamalayan, Mindoro

79) Mungos Tribal Community Church/Ptr. Yagno Dawsig / Bongabong, Mindoro

80) IRM 2, −I am redeemer master and evagelical Church/ Ptr. Judel Doroto/Bongabong, Mindoro

81) IRM 3, −I am redeemer master and evagelical Church/ Ptr. Henly Mongado/Bongabong, Mindoro

82) Maujao Christian Gaspel Church/Ptr. Erwin Martirez/ Bulalacao, Mindoro

83) IRM 4, I am redeemer master and evagelical Church/ Ptr. Machael Miranda/Bongabong, Mindoro

84) Got's Masterpiece Assembly Church/Ptr. Romeo Delonia/Gloria, Mindoro

85) Puyo Grace Missoin Church/Ptr. Richard Patulan/San Teodoro, Mindoro

86) The Lord is My Shepered Community Church/Ptr. Samuel Supetran/Bongabong, Mindoro

- 1991~2023년까지 유치원 설립 11개소, 교회 개척 86개 교회, 성전 건축 93회(건축 75회+재건축 18회), 미건축 15개 교회(고딕체)입니다.
- 현재 예배당이 있는 교회는 71개 교회(명조체)입니다.

3. 선교 교회 지역별 교회 가정(수) 현황

1) Metro Manila

MANILA

01. Ptr. Benji/40가정

02. Ptr. Paguito/25

03. Ptr. Arnel/35

Total/3 Churches 100 Families

2) Mindanao

SURIGAO

04. Ptr. Pangadin/30

Total/ Churches 30 Family

3) Oriental Mindoro

POLA

05. Ptr. Gawain/25

06. Ptr. Anorld/25

07. Ptra. Marivic/25

08. Ptr. Rommel/20

09. Ptr. Renato/15

10. Ptr. Romulo/26

11. Ptr. Rizal/30

12. Ptr. Roderico/20

13. Ptr. Bhong/20

14. Ptr. Edison/15

15. Ptr. Jun Ramos/15

16. Ptr. Maning/15

17. Ptr. Bangaway Outreach/20

18. Ptr. Bakyaan Outreach/20

PINAMALAYAN

19. Ptr. Toledo/17

20. Ptr. Avelino/35

21. Ptr. Ariel/20

22. Ptr. Cris/20

23. Ptr. Alfie/15

GLLORIA

24. Ptr. Alex/30

25.Ptr. Romeo/25

ROXAS

26. Ptra. Marilyn/15

27. Ptr. Jorem/32

28. Ptr. Richard/15

BULALACAO

29. Ptra. Gemmar/27

30. Ptr. Romi/17

31. Ptr. Greg/20

32. Ptr. Guro/20

33. Ptr. Henry/35

34. Ptr. Keyo/30

35. Ptr. Erwin/26

BANSUD

36. Ptr. Aclan/25

37. Ptr. Ortega/25

38. Ptr. Jojo/15

39. Ptr. Rowell/15

40. Ptr. Noel/15

41. Ptr. Rey Rey/25

42 Ptra. Michell/15

43. Ptr. Rey Mabgay/10

SOCORRO

44. Ptr. Ronaldo/20

BONGABONG

45. Ptr. John Rey/20

46. Ptr. John Gain/25

47. Ptr. Micheal/21

48. Ptr. Gamos/20

49. Ptr. Allan/15

50. Ptr. Rogelio/15

51.Ptr. Judel/20

52. Ptr. Samuel/30

SAN TEODORO

53. Ptr. Richad/25

VICTORIA

54. Ptr. Eddie Folla/15

55. Ptr. Malon/15

MANSALAY

56. Ptr. Clost Linayao((Waygan Church)/20

57. Ptr. Damaso Gayot(Lamak Church)/40

58. Ptr. Mhinard(Hawili Church)/17

59. Ptr. Henry Husayan(Bugso Church)/50

Total/55 Churches 1,329 Families

4) Romblon Romblon

Romblon Island

60. Ptra. Melody/35

61. Ptra. Anna/20

62. Ptr. Mazo/25

63. Ptr. Isidoro/25

Alad Island

64. Ptr. Herbert/36

65. Ptra. Evelyn/35

Cobrador Island

66. Ptr. Elmo/26

Tablas Island

67. Ptr. Jun/27

68. Ptra. Dinah 20

Carabao Islad

69. Ptr. Gavinete/20

Total/10 Churches 309 Families

Grand Total 69 Churches 1,640 Famalies

2023년 11월 13일
마닐라 빌라누엘타워 504호에서, 백삼진 선교사

세계 선고 고두보로서의 필리핀 선교

† 주필 대신선교회를 중심으로 한 필리핀 선교

2024년도 대망의 새해가 밝았다. 새해가 되니, 팬데믹으로 암울했던 기억들이 자취도 없이 사라져 간다. 그래서 새 꿈을 꾸어본다. '새해에는 예전보다 더 큰 일을 행하는 우리 모두가 되게 하옵소서!' 하였다. 특히 주필 대신선교회(Daeshin World Missions Society)를 위해서는 여호와 닛시! '세계 선교의 깃발이 되게 하옵소서!' 하였다. 그것은 금년도가 주필 대신선교회가 필리핀에서 선교를 시작한 지 만40년이 되는 해이기 때문이다.

40년이었다. 40년의 대신선교 역사였다. 대신의 선교 역사의 시작은 1984년도에 이성찬 선교사가 필리핀에 도착한 것으로부터 시작(1993년 주비한국선교단체 및 선교사 요람)되었다. 김O훈 선교사가 그보다 먼저 도착하여 사역한 바가 있으나 거취 불명으로 이성찬 선교사가 필리핀 파송 최초 선교사로 기록된다. 뒤이어 최세종 선교사가 파송되었고, 그 후에 성동관 선교사 등이 필리핀에 도착하였는데, 이는 모두 1990년도를 전후한 일들이었다. 최수일, 임문희, 조성일, 김영섭, 전대구, 백삼진, 서희범, 송성호, 김연정, 임승훈, 조강암, 정찬선 등이 바로 그때의 주역들이었다. 주필 대신선교회가 선교의 초석을 놓게 된 깃도 바로 그때가 아닌가 한다.

한편 주비한국선교단체협의회(The Association of Korean Mission in The Philippines)가 필리핀 주재 한국선교사협의회(초대 회장 백병수 선교사)라는 이름으로 발족한 것은 1986년 12월 8일이었다. 이는 무엇을 뜻하는가 하면 그전까지만 해도 필리핀에서 사역하고 있던 선교 단체나 선교사들이 연합하는 일 없이 서로 경쟁만을 하면서 중구난방식으로 사역을 하고 있었다는 증거다. 그때 주필 대신선교회가 주요 멤버로 참여했음은 두말할 나위도 없다. 이성찬 선교사가 산파 역할을 하였다. 1990년 1월 1일에 부회장으로 당선되었던 이성찬 선교사는 회장 홍승구 선교사의 선교지 이탈로 동년 7월 1일에 제4대 회장으로 취임하게 된다.

그로부터 40년, 대신(大神)의 많은 선교사가 필리핀을 향해서 쇄도해 왔고, 또 다수의 선교사가 새로운 사역지를 찾아서 떠나기도 하였다. 최수일 선교사는 미국으로, 김연정 선교사는 네팔로, 서희범 선교사는 불가리아로, 윤태구 선교사는 키르기스스탄으로, 이경수 선교사는 이집트로, 김영섭 선교사와 장한주 선교사는 요르단으로, 송홍석 선교사는 케냐로, 정원일 선교사는 태국으로, 김호식 선교사와 홍영식 선교사는 본국으로, 반정섭 선교사는 말레이시아로, 그렇게 각각 새 사역지를 향해서 떠나갔는데, 지금은 그들이 필리핀 사역의 경험을 모델로 하여 세계 각지에서 은혜 중에 사역을 충실히 수행하고 있는 것이다. 안타까운 것은 그 어간에 김0훈 선교사가 불미스러운 일에 연관되어 주필 대신선교회와 총회에서 영구 제명되었고, 정O권 선교사 또한 이단 시비에 휘말려 수차에 걸친 경고에도 불구하고 이단과의 활동을 계속하므로 그 또한 영구 제명된 사건이다.

그 외 선교사들은 모두가 아직도 건재하다. 30년을 넘게 사역한 시니어 선교사들이지만 선교를 향한 열정은 변함이 없다. 교회 개척과 성전 건축 사역, 유치원과 신학교 사역, 부족 사역과 낙도 사역, 엘링틱스와 디아스포라 사역 등 각 방면에 걸친 사역을 활발히 전개하고 있다. 당시 선교 기관이 없던 대신교단으로는 영어권이라는 특수성을 감안하여 필리핀을 선교 훈련의 장으로 삼았을 뿐만 아니라 크고 작은 중·단기 선교팀을 파송하여 주필 대신 선교사들로 하여금 뒷바라지를 하게 했음은 전설 같은 이야기이다. 지금까지 주필 대신 선교사들이 어떤 여건 속에서 어떤 사역을 어떻게 감당해 왔는지 그 결과에 대한 자세한 내역은 대신세계선교회(DMS)가 펴낸 2011년도 판 『대신세계선교백서』에 자세하게 기록되어 있음을 부기해 둔다.

아전인수격이지만 주필 대신선교회는 어쨌든 필리핀이라는 매력적인 선교지와 함께 옛날부터 선교 지망생들의 선망의 대상이 되어있었다. 그리해서 목사, 전도사, 장로, 권사, 집사, 학생들이 선교사의 사역지에 와서 보고, 듣고, 배우고 실천한 사례만 해도 부지기수다. 이는 주필 대신선교회가 은연중 대신교단(大神敎団) 선교의 교두보가 되어있었다는 증거나 다름없다. 그리하여 오늘날 대신인에 있어서는 필리핀은 선교 교육의 유일한 장이요, 도전과 실천의 시발점이었음을 누구나 자신 있게 말하게 된다.

무엇보다 자랑스러운 것은 선교 사역의 꽃이라고 할 수 있는 순교자가 어느 다른 권역에서가 아니라 바로 대신 선교사 중에서 나왔다는 사실이다. 그는 안양대학교 신학대학원 출신 조태환 선교사이다. 출신 학교로 말하면 6·25사변 때 정관백 전도사(대한신학교)에 이어두 번째가 되지만, 대신교단으로 보면 주필 대신선교회가 배출한 첫번째 순교자가 된다.

다음으로는 대신교단의 여선교사 파송의 역사적인 태동이 주필 대신선교회에서 비롯되었다는 사실이다. 남성목사 위주의 선교의 벽을 허물고 여전도사가 선교사로 파송받은 것은 백삼진 선교사가 처음이고, 이어서 박성주 전도사가 선교사로 파송 받게 됨에 따라서 여선교사의 선교 참여와 여선교사 파송의 문이 비로소 열리기 시작했다는 사실이다.

여전도사에게는 강단에 오르는 것 자체가 금기사항으로 되어 있던 대신교단이다. 돌이켜 보면 보수·정통의 벽에 갇혀서 완고하기 그지없 었던 대신교단의 모습이다. 그런데 오늘날 그렇게 높게만 보였던 강단 에 여전도사들이 선교사의 자격으로 성큼 올라가서 선교 보고도 하 고, 설교도 하게 되었으니 이는 모두 여전도사가 여선교사로 파송 받 게 된 이후에 변화된 모습이라 하겠다. 그리하여 오늘날 대신교단 파 송 여성 선교사 1, 2호가 주필 대신선교회 소속으로 뭇 여성 전도사와 여자 선교 지망생들의 희망과 전설의 대상이 되고 있다는 사실이다.

주필 대신선교회가 중흥기를 맞은 것은 새 밀레니엄이 시작되는 2000년도 이후의 일이다. 젊고 패기 넘치는 유능한 선교사들이 줄을 잇듯이 들어왔기 때문이다. 조태환 선교사를 필두로 최정인, 박성주, 강원종, 조경호, 이선주, 김충근, 한남희, 사공세현, 임철수, 이은두, 김요셉, 신승철, 정기제, 김용훈, 이성재, 조성도, 이형철, 김성식, 반 정섭, 이상덕, 이정주, 양선한, 최창섭, 황필환, 이승우, 이현호, 임평 안, 정혜영, 고정양 선교사 등이 필리핀에 들어왔고, 대신총회 서기를 역임한 김명규 목사와 경기노회장을 역임한 정진우 목사는 아예 목회 를 접고 필리핀 선교사로 파송되어 나오기까지 하였다.

이에 이르러 주필 대신선교회가 앞으로 수행해야 할 사명은 너무 나 자명하다. 지금까지 쌓아올린 선교 40년의 토대 위에서 다가올 미 래 40년의 선교 초석을 다시 한번 더 놓는 일이다. 선견지명이었다고 할까? 이를 위해 주필 대신선교회가 야심 차게 지속적으로 추진하고 있는 파미파(PAMIPA) 사역은 그런 의미에서 주필 대신선교회의 자랑이 된다. 18년 전부터 시작한 파미파의 활동 사항이다.

PAMIPA(Pstors and Missionaries Partnership Seminar)는 문자 그대로 필리핀 현지 사역자들과 선교사들의 동역 의식을 고취하는 기관이고, 2008년 9월에 주필 대신선교회 회원 전체의 결의로 설립되었다. 이는 미래 필리핀 선교를 준비하고 감당하려고 하는 초교파적인 설립이다. 괄목할만한 결정이 아닐 수 없었다. 2024년 현재, 현지 사역자들과 선교사들이 공동으로 참여하는 세미나를 10여 차례에 걸쳐 개최하였고, 연인원 1천여 명이 참여하여 영적 전쟁에서의 승리를 다짐한 바 있다.

해당 교육과정을 이수한 사역자들에게는 심사하여 주필 대신선교회에서 목사 안수를 하도록 한다. 그런 후 주필 대신선교회 소속 선교사의 사역지에 배치하여 사역을 감당하도록 한다. 이뿐만 아니라 여건이 조성되면 타국에 선교사로 파송하여 세계 선교의 일익을 담당하도록 한다. 그런 계획이다. 그것이 주필 대신선교회에서 PAMIPA를 설립하고 운영하는 최종 목표가 된다. 교수 초빙 문제, 사역자들의 숙식 문제, 재원 지원 등 해결해야 할 문제가 한두 가지가 아니지만, 주필 대신 선교사들이 똘똘 뭉쳐서 상·하반기 1년에 두 번, 필리핀 현지 사역자들과 함께 PAMIPA를 중심으로 필리핀 복음화를 위해서 최선의 노력을 경주하고 있는 것이다.

결론으로는 주필 대신 선교사들이 선교회를 조직하고 정기적인 모임을 통하여 피차 교제하며 미래지향적인 선교를 위하여 발전을 도모하고 있는 것이 사실이지만, 대신총회가 뜻하지 않게 사분오열된 후 복음 전파와 교회 개척, 교육 사역, 지도자 양성 등에 있어서 타 교단과의 협력을 원만하게 이루지 못하고 있는 것도 사실이고, 복음주의 선교를 표방하고 있으나 총체주의 또는 에큐메니컬 선교 정책을 원용할 수밖에 없는 현실을 고민해야 할 것이고, 선교사 상호 간에 사역지가 근접해 있는 관계로 발생하기 쉬운 인적, 물적, 손실을 미연에 방지하는 총의를 모아야 할 때도 바로 이때가 아닌가 한다. 그리하여 "너희가 나를 택한 것이 아니요. 내가 너희를 택하여 세웠나니 이는 너희로 가서 과실을 맺게 하고 또 너희 과실이 항상 있게 함이니라(요 15:16)."라고 하신 말씀과 같이, 오직 영적 탐구와 정탐의 시간을 배가하여 날마다 열매 맺는 주필 대신선교회가 되기를 위하여 기도하게 되는 것이다.

할렐루야! 하나님께 감사와 찬송과 영광을 돌리며, 2024년도 주필 대신선교회의 필리핀 선교 40주년을 맞이하면서 이를 자축하고, 미래 선교 100년의 각오를 다짐하면서, 미력하나마 주필 대신선교회의 발자취를 더듬어 보았다.

2024년 1월 24일
필리핀 메트로 마닐라 빌라루엘 타워 504호에서, 백삼진 선교사